知《し》ってほしい、この名《めい》言《げん》

～大《たい》切《せつ》にしたい言《こと》葉《ば》～

③ もっと自《じ》分《ぶん》を好《す》きになる名《めい》言《げん》

はじめに

あなたは、自分《じぶん》のことを「好《す》き」と、自信《じしん》を持《も》って言《い》えますか？

中《なか》には、「私《わたし》は、自分《じぶん》のことが嫌《きら》いで…」という人《ひと》がいるかもしれません。

実《じつ》は、私《わたし》にも、「自分《じぶん》のことが嫌《きら》い、できるなら、別《べつ》な自分《じぶん》でありたかった」と思《おも》う時期《じき》がありました。そう、皆《みな》さんと同《おな》じくらいの頃《ころ》です。

でも、今《いま》は、このままの自分《じぶん》でいいんだって思《おも》えるようになりました。

なぜ、そう思《おも》えるようになったかって？

「これじゃなきゃダメ」って、決《き》め込《こ》んでいた自分《じぶん》がいたことに、気《き》づけたことが大《おお》きかったかもしれません。それからは、「自分《じぶん》のことが嫌《きら》いで…」と思《おも》うことがなくなりました。

この本《ほん》をめくると、私《わたし》は今《いま》、黒柳徹子《くろやなぎてつこ》さんの言葉《ことば》に魅《ひ》かれます。そして、その言葉《ことば》を、何度《なんど》も読《よ》み返《かえ》したくなります。

言葉《ことば》って不思議《ふしぎ》です。心《こころ》に直接働《ちょくせつはたら》きかけ、そして心《こころ》を動《うご》かすのですから。

この本《ほん》が、あなたが、あなたらしくいられるための、きっかけの1冊《さつ》になることを願《ねが》っています。

筑波大学附属小学校国語科教諭《つくばだいがくふぞくしょうがっこうこくごかきょうゆ》
白坂洋一《しらさかよういち》

目《もく》次《じ》

*この本で紹介している言葉には出典先を明記しておりますが、わかりやすくするために要約しているものも含まれます。

*情報は2023年12月末現在のものです。

それでも地球《ちきゅう》は回《まわ》っている

「近代科学《きんだいかがく》の父《ちち》」「天文学《てんもんがく》の父《ちち》」とも呼《よ》ばれる天文学者《てんもんがくしゃ》・物理学者《ぶつりがくしゃ》

ガリレオ・ガリレイ

どんな状況《じょうきょう》でも信念《しんねん》をつらぬこう

この言葉《ことば》は、1633年《ねん》に開《ひら》かれた宗教裁判《しゅうきょうさいばん》の法《ほう》廷《てい》での発言《はつげん》とされています。現代《げんだい》では常識《じょうしき》の「地動《ちどう》説《せつ》」ですが、ガリレオが生《い》きた17世紀頃《せいきごろ》には、キリスト教《きょう》の教《おし》えに従《したが》って、地球《ちきゅう》は宇宙《うちゅう》の中心《ちゅうしん》にあってすべての天体《てんたい》が地球《ちきゅう》の周《まわ》りを回《まわ》っているという「天動《てんどう》説《せつ》」が信《しん》じられていました。ガリレオは、この教会《きょうかい》の教《おし》えに背《そむ》いたとして裁《さば》かれたのです。

ガリレオが、本当《ほんとう》にこの言葉《ことば》を言《い》ったかはわかりません。しかし、世界《せかい》で初《はじ》めて望遠鏡《ぼうえんきょう》で本格的《ほんかくてき》な天《てん》体観測《たいかんそく》を行《おこな》い「地動説《ちどうせつ》」を確信《かくしん》した彼《かれ》が、命《いのち》をかけて信念《しんねん》をつらぬいたことだけはまちがいありません。

みんなが言《い》っているからではなく、実験《じっけん》と観《かん》察《さつ》によって結論《けつろん》を導《みちび》き出《だ》すことが科学的《かがくてき》な態度《たいど》なんだね。

プロフィール

自作《じさく》の望遠鏡《ぼうえんきょう》で、月《つき》のクレーターや木《もく》星《せい》の衛星《えいせい》、金星《きんせい》の満《み》ち欠《か》けなどを次々《つぎつぎ》と発見《はっけん》。ピサの斜塔《しゃとう》では「落体《らくたい》の実験《じっけん》」を行《おこな》い、2000年《ねん》も信《しん》じられてきたアリストテレスの誤《あやま》りを正《ただ》したとされる。以降《いこう》の科学者《かがくしゃ》が宗教観《しゅうきょうかん》にとらわれない研究《けんきゅう》を行《おこな》うようになり、世界《せかい》の科学《かがく》が大《おお》いに発展《はってん》するきっかけを作《つく》った。

1564年《ねん》　フィレンツェ公国《こうこく》（現在《げんざい》のイタリア）で生《う》まれる。
1610年《ねん》　木星《もくせい》の衛星《えいせい》を発見《はっけん》。
1632年《ねん》　地動説《ちどうせつ》の解説書《かいせつしょ》『天文対話《てんもんたいわ》』を執筆《しっぴつ》。
1633年《ねん》　2回目《かいめ》の宗教裁判《しゅうきょうさいばん》で終身刑《しゅうしんけい》を言《い》い渡《わた》され、軟禁状態《なんきんじょうたい》での生活《せいかつ》を送《おく》る。
1642年《ねん》　77歳《さい》で死去《しきょ》。

出典《しゅってん》：『学習《がくしゅう》まんが人物館《じんぶつかん》 ガリレオ』（小学館《しょうがくかん》）、『星《ほし》の使者《ししゃ》 ガリレオ・ガリレイ』（徳間書店《とくましょてん》）など

明日《あした》は明日《あした》の風《かぜ》が吹《ふ》く

Tomorrow《トゥモロー》 is《イズ》 another《アナザー》 day《デイ》.

40か国語《こくご》に翻訳《ほんやく》された『風《かぜ》と共《とも》に去《さ》りぬ』を書《か》いた小説家《しょうせつか》

マーガレット・ミッチェル

起《お》きてしまったことは仕方《しかた》がないじゃないか。気持《きも》ちを切《き》り替《か》えていこうよ。

心配《しんぱい》せず明日《あした》に向《む》かって気持《きも》ちを切《き》り替《か》えよう

明日《あした》の風《かぜ》、未来《みらい》のことは誰《だれ》にもわかりません。だから、明日《あした》の心配《しんぱい》をしてもどうしようもない、考《かんが》えても仕方《しかた》のないことなどで悩《なや》まずに生《い》きていこう、という意味《いみ》です。

小説《しょうせつ》『風《かぜ》と共《とも》に去《さ》りぬ』で、主人公《しゅじんこう》のスカーレット・オハラが再《ふたた》び立《た》ち上《あ》がり前向《まえむ》きに生《い》きる決意《けつい》をするときに言《い》った言葉《ことば》です。原文《げんぶん》は「Tomorrow《トゥモロー》 is《イズ》 another《アナザー》 day《デイ》」で、直訳《ちょくやく》すると「明日《あした》は別《べつ》の日《ひ》」です。が、「明日《あした》は明日《あした》の風《かぜ》が吹《ふ》く」のほうがリズムもいいし、かっこいいですよね。

プロフィール

『風《かぜ》と共《とも》に去《さ》りぬ』というタイトルは、南北戦争《なんぼくせんそう》という「風《かぜ》」と共《とも》に、アメリカ南部白人《なんぶはくじん》たちの貴族文化社会《きぞくぶんかしゃかい》が消《き》え「去《さ》った」ことを意味《いみ》している。ミッチェルは、南北戦争《なんぼくせんそう》に対《たい》しての強《つよ》い関心《かんしん》と南部《なんぶ》への強《つよ》い誇《ほこ》りを持《も》ち、10年《ねん》かけてこの作品《さくひん》を書《か》き上《あ》げた。

1900年《ねん》 アメリカで生《う》まれる。
1936年《ねん》 『風《かぜ》と共《とも》に去《さ》りぬ』出版《しゅっぱん》。
1937年《ねん》 アメリカのピュリッツァー賞《しょう》を受賞《じゅしょう》。
1939年《ねん》 映画公開《えいがこうかい》。アカデミー賞《しょう》にて作品賞《さくひんしょう》、監督賞《かんとくしょう》、主演女優賞《しゅえんじょゆうしょう》を始《はじ》めとする9部門《ぶもん》を制《せい》する。
1949年《ねん》 交通事故《こうつうじこ》で死去《しきょ》。享年《きょうねん》48歳《さい》。

出典《しゅってん》：『風《かぜ》と共《とも》に去《さ》りぬ』(岩波文庫《いわなみぶんこ》)(新潮文庫《しんちょうぶんこ》)など

「別府観光《べっぷかんこう》の父《ちち》」として慕《した》われる明治時代《めいじじだい》の実業家《じつぎょうか》

油屋熊八《あぶらやくまはち》

生《い》きてるだけで丸《まる》もうけ

生《い》きてることはすばらしいこと

お笑《わら》い芸人《げいにん》の明石家《あかしや》さんまさんが、座右《ざゆう》の銘《めい》としていることでも有名《ゆうめい》な言葉《ことば》です。もともとは、「おもてなし」を大切《たいせつ》にした旅館《りょかん》を創業《そうぎょう》し、「山《やま》は富士《ふじ》、海《うみ》は瀬戸内《せとうち》、湯《ゆ》は別府《べっぷ》」というキャッチフレーズの考案《こうあん》や、日本初《にほんはつ》の女性《じょせい》バスガイドによる案内《あんない》つき観光《かんこう》バスの運行《うんこう》などで、別府《べっぷ》を日本一《にほんいち》の温泉《おんせん》にした油屋《あぶらや》さんの言葉《ことば》です。

さまざまなアイデアを生《う》み出《だ》し成功《せいこう》したものの、大《おお》きな失敗《しっぱい》もある油屋《あぶらや》さん。どんな不幸《ふこう》があっても、生《い》きていれば小《ちい》さなことも幸《しあわ》せを感《かん》じられると、口癖《くちぐせ》にまでしていたのです。

小《ちい》さな失敗《しっぱい》でくよくよするのはやめよう。今《いま》を目《め》いっぱい楽《たの》しもうよ。

プロフィール

米相場《こめそうば》で巨万《きょまん》の富《とみ》を築《きず》き、その相場《そうば》の失敗《しっぱい》で全財産《ぜんざいさん》を失《うしな》う。アメリカに渡《わた》って洗礼《せんれい》を受《う》けて帰国《きこく》、妻《つま》の住《す》む別府《べっぷ》で旅館《りょかん》の開業《かいぎょう》を皮切《かわき》りにさまざまな観光事業《かんこうじぎょう》を行《おこな》い、別府観光《べっぷかんこう》の発展《はってん》に尽《つ》くした。

1863年《ねん》	伊予国《いよこく》(現在《げんざい》の愛媛県《えひめけん》)で生《う》まれる。
1893年《ねん》	大阪《おおさか》に渡《わた》り米相場《こめそうば》で大《おお》もうけ。「油屋将軍《あぶらやしょうぐん》」と呼《よ》ばれる。
1896年《ねん》	相場《そうば》に失敗《しっぱい》して全財産《ぜんざいさん》を失《うしな》った後《あと》アメリカに渡《わた》る。
1911年《ねん》	「旅人《たびびと》をねんごろにせよ」という新約聖書《しんやくせいしょ》の言葉《ことば》を合言葉《あいことば》に、亀《かめ》の井旅館《いりょかん》を創業《そうぎょう》。
1924年《ねん》	亀《かめ》の井旅館《いりょかん》を洋式《ようしき》ホテルに改装《かいそう》して亀《かめ》の井《い》ホテルを開業《かいぎょう》。
1926年《ねん》	別府《べっぷ》ゴルフリンクスというゴルフ場《じょう》を開発《かいはつ》し、温泉保養地《おんせんほようち》とスポーツを組《く》み合《あ》わせた新《あたら》しいレジャーの形《かたち》を提案《ていあん》。
1928年《ねん》	亀《かめ》の井自動車《いじどうしゃ》(現在《げんざい》の亀《かめ》の井《い》バス)を設立《せつりつ》して、定期観光《ていきかんこう》バスの運行《うんこう》を開始《かいし》。
1935年《ねん》	脳卒中《のうそっちゅう》で倒《たお》れ、71歳《さい》で死去《しきょ》。

出典《しゅってん》：『油屋熊八伝《あぶらやくまはちでん》』(別府市観光協会《べっぷしかんこうきょうかい》)など

わたしたちは発展《はってん》するために
生《う》まれてきたのでは
ありません。

この惑星《わくせい》に、幸《しあわ》せになろうと思《おも》って生《う》まれてきたのです

「世界一《せかいいち》貧《まず》しい大統領《だいとうりょう》」と呼《よ》ばれたウルグアイの大統領《だいとうりょう》

ホセ・ムヒカ

生《い》きる目的《もくてき》は、お金持《かねも》ちになったり、偉《えら》くなったりすることじゃない。人《ひと》を愛《あい》し、友達《ともだち》を作《つく》り、本当《ほんとう》に必要《ひつよう》なモノだけを持《も》つことが幸《しあわ》せにつながるんだ。

幸《しあわ》せは「モノ」ではなく「心《こころ》」にある

ムヒカ大統領《だいとうりょう》はスピーチの中《なか》で、今《いま》の発展《はってん》を続《つづ》けることに疑問《ぎもん》を呈《てい》しました。発展《はってん》のために、モノを大量《たいりょう》に作《つく》り大量《たいりょう》に売《う》ります。そして、大《たい》量《りょう》に消費《しょうひ》し大量《たいりょう》に捨《す》てるのです。それが本当《ほんとう》に豊《ゆた》かな社会《しゃかい》なのでしょうか?

発展《はってん》というからには、人類《じんるい》の本当《ほんとう》の幸福《こうふく》を目《め》指《ざ》さなければなりません。そのために私《わたし》たちが大切《たいせつ》にしなければならないのは、モノではなく心《こころ》、とりわけ人《ひと》とのつながりを大切《たいせつ》にする心《こころ》です。互《たが》いに愛《あい》し合《あ》い、他者《たしゃ》を思《おも》いやり、支《ささ》え合《あ》い、助《たす》け合《あ》って生《い》きていくこと、そうした生《い》き方《かた》の中《なか》にこそ真《しん》の「幸《しあわ》せ」があるのです。

出典《しゅってん》:『世界《せかい》でいちばん貧《まず》しい大統領《だいとうりょう》のスピーチ』(汐文社《ちょうぶんしゃ》)

プロフィール

ウルグアイ第《だい》40代大統領《だいだいとうりょう》。個人《こじん》資産《しさん》は、1987年製《ねんせい》のフォルクスワーゲンとトラクター、農地《のうち》のみ。大統領官邸《だいとうりょうかんてい》には住《す》まずに、首都郊外《しゅとこうがい》の質素《しっそ》な住居《じゅうきょ》で暮《く》らし、自分《じぶん》の給与《きゅうよ》の約《やく》9割《わり》を貧《まず》しい人々《ひとびと》へ寄付《きふ》し続《つづ》けた。

1935年《ねん》	ウルグアイの首都《しゅと》モンテビデオで生《う》まれる。
1972年《ねん》	非合法活動《ひごうほうかつどう》で逮捕《たいほ》。以後《いご》13年近《ねんちか》く収監《しゅうかん》される。
2010年《ねん》	ウルグアイ大統領《だいとうりょう》に就任《しゅうにん》。
2012年《ねん》	「リオ+20国連持続可能《こくれんじぞくかのう》な開発会議《かいはつかいぎ》」で演説《えんぜつ》。
2015年《ねん》	大統領職《だいとうりょうしょく》を退任《たいにん》。
2020年《ねん》	高齢《こうれい》と持病《じびょう》を理由《りゆう》に政界引退《せいかいいんたい》。

スゴイことって おこりそうで おこらないから 世《よ》の中《なか》平和《へいわ》なのである

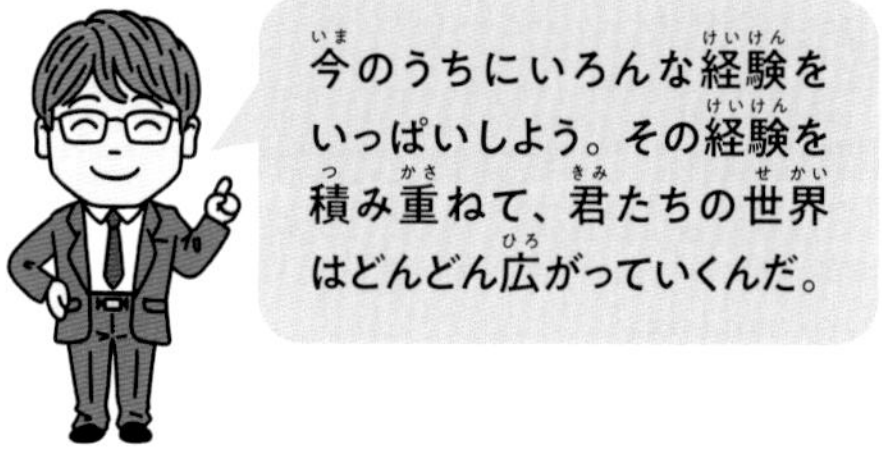
今《いま》のうちにいろんな経験《けいけん》をいっぱいしよう。その経験《けいけん》を積《つ》み重《かさ》ねて、君《きみ》たちの世界《せかい》はどんどん広《ひろ》がっていくんだ。

『ちびまる子《こ》ちゃん』を描《か》いた漫画家《まんがか》・エッセイスト・作詞家《さくしか》

さくらももこ

いろいろな経験《けいけん》を積《つ》み重《かさ》ねよう

『ほのぼの劇場《げきじょう》』は『ちびまる子《こ》ちゃん』の本編《ほんぺん》の後《あと》についているエッセイ漫画《まんが》です。さくらももこさんが、小《ちい》さいころや若《わか》いころの心《こころ》に残《のこ》ったできごとを漫画《まんが》にしています。

小学《しょうがく》1年生《ねんせい》になったばかりのある日曜日《にちようび》、家族《かぞく》の誰《だれ》にも遊《あそ》んでもらえないももこは、ひとりで「ぼうけん」に出《で》かけます。小《ちい》さなももこにとって、同《おな》じ学校《がっこう》の学区内《がっくない》でも道《みち》は遠《とお》く、レンゲ畑《ばたけ》は大《おお》きく、メダカを捕《と》ることも土手《どて》の草《くさ》や木《き》を切《き》ってトンネルを作《つく》ることも「スゴイ」ことなのでした。世《よ》の中《なか》は何《なに》も変《か》わらないような取《と》るに足《た》らないことでも、ひとつひとつの経験《けいけん》に感動《かんどう》しながら、人《ひと》は成長《せいちょう》していくのですね。

プロフィール

高校生《こうこうせい》のとき少女漫画《しょうじょまんが》を投稿《とうこう》するも評価《ひょうか》されず、漫才師《まんざいし》か落語家《らくごか》を目指《めざ》して「さくら」と「もも」を繋《つな》いだ「さくらももこ」という芸名《げいめい》を考《かん》え、それをそのままペンネームにした。「ヘタウマ」と言《い》われる素朴《そぼく》なタッチで描《えが》かれる漫画《まんが》は、エッセイ漫画《まんが》を描《か》くに当《あ》たって、戦略《せんりゃく》として少女漫画《しょうじょまんが》のタッチから変更《へんこう》した。

965年《ねん》　静岡県《しずおかけん》で生《う》まれる。
984年《ねん》　短大在学中《たんだいざいがくちゅう》に漫画家《まんがか》デビュー。
986年《ねん》　雑誌《ざっし》「りぼん」で『ちびまる子《こ》ちゃん』の連載開始《れんさいかいし》。
990年《ねん》　『ちびまる子《こ》ちゃん』アニメ化《か》。主題歌《しゅだいか》『おどるポンポコリン』の作詞《さくし》で日本《にほん》レコード大賞受賞《たいしょうじゅしょう》。
991年《ねん》　初《はつ》エッセイ集《しゅう》『もものかんづめ』発表《はっぴょう》。
018年《ねん》　乳《にゅう》がんのために53歳《さい》で死去《しきょ》。

出典《しゅってん》：『ほのぼの劇場《げきじょう》』2巻《かん》　さくらももこ 著《ちょ》（集英社文庫《しゅうえいしゃぶんこ》　コミック版《ばん》）©MOMOKO SAKURA

これじゃなきゃダメなのと決《き》め込《こ》んだりしないことが大切《たいせつ》ね

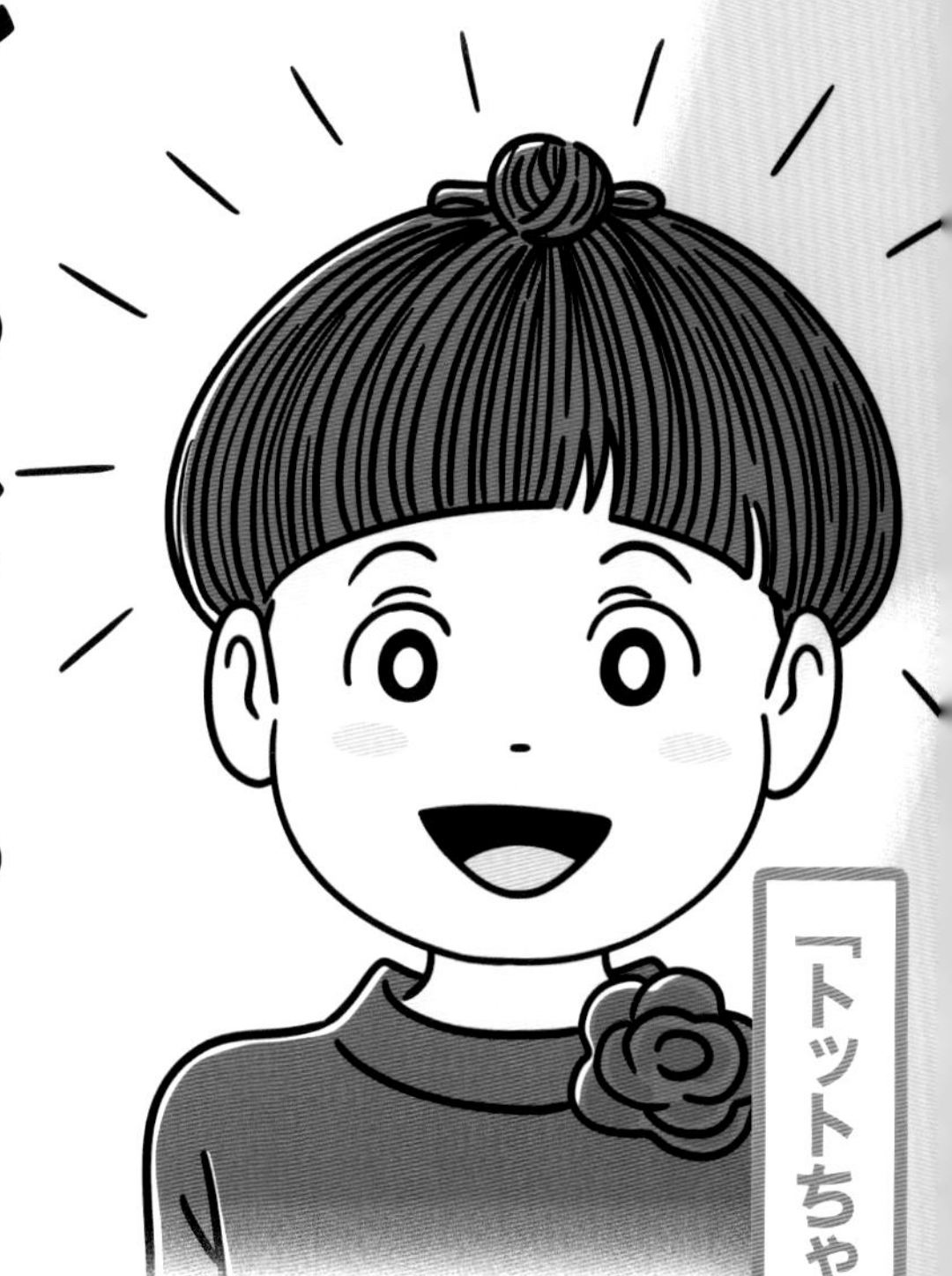

「トットちゃん」として愛《あい》される女優《じょゆう》・司会者《しかいしゃ》・作家《さっか》

黒柳徹子《くろやなぎてつこ》

「いつからでも変《か》われる」から人生《じんせい》は楽《たの》しい

「自分《じぶん》はこうでなくてはいけない」という思《おも》いが強《つよ》すぎると、視野《しや》が狭《せま》くなって自分《じぶん》の可能性《かのうせい》をせばめてしまいかねません。自分《じぶん》の意見《いけん》や理《り》想《そう》とはちがっていても、「こういう考《かんが》え方《かた》もあるんだ」「こういう見方《みかた》もできるんだ」と思《おも》えると、新《あら》たな発見《はっけん》があるかもしれません。

この言葉《ことば》の後《あと》には「いくつになっても変《か》われる可能性《かのうせい》があると思《おも》うと、ワクワクするじゃない？」と続《つづ》きます。いつからでも、何歳《なんさい》からでも「変《か》われる」「変《か》わろうとする」こと、黒柳《くろやなぎ》さんは人生《じんせい》を楽《たの》しんでいるにちがいありません。

自分《じぶん》ができること、やりたいことを限定《げんてい》してはダメ。「やめる」のはいつでもできるから、少《すこ》しずつでも始《はじ》めてみないか。

プロフィール

幼少期《ようしょうき》には「問題児《もんだいじ》」とされ、尋常小《じんじょうしょう》学校《がっこう》を退学《たいがく》させられて転校《てんこう》する。当《とう》時《じ》の体験《たいけん》を描《えが》いた『窓《まど》ぎわのトットちゃん』は、累計《るいけい》800万部《まんぶ》のベストセラーとなる。司会者《しかいしゃ》や舞台女優《ぶたいじょゆう》としてマルチに活躍《かつやく》しながら、ユニセフの親善大使《しんぜんたいし》も長年務《ながねんつと》める。

1933年《ねん》	東京《とうきょう》で生《う》まれる。
1953年《ねん》	テレビ女優第《じょゆうだい》1号《ごう》としてNHK東京放送劇団《とうきょうほうそうげきだん》に入団《にゅうだん》。
1976年《ねん》	『徹子《てつこ》の部屋《へや》』がスタート。「同一《どういつ》の司会者《しかいしゃ》による番組《ばんぐみ》の最多放送回数記録《さいたほうそうかいすうきろく》」を現在《げんざい》も更新中《こうしんちゅう》。
1981年《ねん》	『窓《まど》ぎわのトットちゃん』出版《しゅっぱん》。
1984年《ねん》	ユニセフ（国際連合児童基金《こくさいれんごうじどうききん》）親善大使《しんぜんたいし》に就任《しゅうにん》。

出典《しゅってん》：『「好奇心《こうきしん》のかたまり」であり続《つづ》ける黒柳徹子《くろやなぎてつこ》の言葉《ことば》』（リベラル社《しゃ》）

できないことは、かっこわるくない

パラリンピック車《くるま》いすバスケットボール元日本代表《もとにほんだいひょう》キャプテン

根《ね》木《ぎ》慎《しん》志《じ》

できなかったときに、落《お》ち込《こ》む必要《ひつよう》はないよ。そこからまたがんばればいいのだから。

一番《いちばん》かっこいいのは、できなくても一生懸命《いっしょうけんめい》がんばること

根《ね》木《ぎ》さんは、高校在学中《こうこうざいがくちゅう》の交通事故《こうつうじこ》で両足《りょうあし》が動《うご》かなくなりました。人生《じんせい》はもう終《お》わったと思《おも》い、車《くるま》いすもはずかしいと思《おも》っていたそうです。その後《ご》、車《くるま》いすバスケットボールに出《で》あいます。足《あし》のヒザは使《つか》えないため、はじめはボールを投《な》げてもリングまで届《とど》きませんでした。それでもつらいリハビリをがんばって、半年後《はんとしご》にようやくシュートが決《き》まったそうです。

できないからとあきらめるのはかっこわるいこと。「できなくても一生懸命《いっしょうけんめい》がんばる」ことが、かっこいいのだと言《い》っているのです。

プロフィール

高校《こうこう》3年生《ねんせい》のときに交通事故《こうつうじこ》で脊髄《せきずい》を損傷《そんしょう》して車《くるま》いす生活《せいかつ》となる。その後《ご》、車《くるま》いすバスケットボールのチームに入部《にゅうぶ》する。シドニーパラリンピックに出場《しゅつじょう》するという夢《ゆめ》を達成《たっせい》し、現在《げんざい》は新《あたら》しい目標《もくひょう》の「出会《であ》った人《ひと》みんなと友《とも》だちになる」をテーマに、全国《ぜんこく》各地《かくち》で授業《じゅぎょう》を行《おこな》っている。

1964年《ねん》　岡山県《おかやまけん》で生《う》まれる。
1982年《ねん》　交通事故《こうつうじこ》で車《くるま》いす生活《せいかつ》になる。
1983年《ねん》　車《くるま》いすバスケットボールを始《はじ》める。
1997年《ねん》　第《だい》1回《かい》アジアカップ優勝《ゆうしょう》。
1998年《ねん》　車《くるま》いすバスケットボール世界選手権日本代表《せかいせんしゅけんにほんだいひょう》。
2000年《ねん》　シドニー2000パラリンピック男子《だんし》車《くるま》いすバスケットボール日本代表《にほんだいひょう》キャプテン。
2021年《ねん》　東京《とうきょう》2020パラリンピック選手村《せんしゅむら》の副村長《ふくそんちょう》に就任《しゅうにん》。

出典《しゅってん》：『「英語《えいご》」で夢《ゆめ》を追《お》うアスリート⑤世界《せかい》に広《ひろ》げたい「つながりの環《わ》」』著《ちょ》・根木慎志《ねぎしんじ》 監修《かんしゅう》/ 横山匡《よこやまただし》（くもん出版《しゅっぱん》）

新五千円札《しんごせんえんさつ》の肖像《しょうぞう》に選《えら》ばれた教育者《きょういくしゃ》

津田梅子《つだうめこ》

津田梅子
大庭みな子

ああ、完全《かんぜん》な休息《きゅうそく》、これこそが何《なに》よりのものなんです

勉強《べんきょう》だってスポーツだって、最高《さいこう》の成果《せいか》を上《あ》げるためには、きちんと休《やす》むことが必要《ひつよう》なんだ。心《こころ》も体《からだ》もリラックスできれば、次《つぎ》にまた集中《しゅうちゅう》できるんだ。

ときには何《なに》もしない休日《きゅうじつ》を過《す》ごそう

女子英学塾《じょしえいがくじゅく》を設立《せつりつ》した梅子《うめこ》は、自《みずか》ら教壇《きょうだん》で指導《しどう》するだけでなく、塾《じゅく》や奨学金制度《しょうがくきんせいど》の運営《うんえい》のために働《はたら》き通《どお》します。アメリカ留学中《りゅうがくちゅう》の母《はは》とも言《い》えるアデリンにあてた手紙《てがみ》も「忙《いそが》しい」「忙《いそが》しい」の連続《れんぞく》でした。

そんな中《なか》、この言葉《ことば》は、妹《いもうと》の余奈子《よなこ》とスエズからイタリアへ船《ふね》で旅《たび》をしたときに書《か》かれたものです。「…怠《なま》けて暮《く》らします。仕事《しごと》をすることもなく、全《まった》く何《なに》もせずにぼおっとしています」。日頃懸命《ひごろけんめい》に働《はたら》いていた梅子《うめこ》だからこそ、かけがえのない時間《じかん》だったにちがいありません。がんばることと同《おな》じくらい休《やす》むことも大切《たいせつ》なんですよね。

プロフィール

英語《えいご》を通《とお》して視野《しや》を広《ひろ》げ、国際的《こくさいてき》教養《きょうよう》を身《み》に付《つ》けた女性《じょせい》を育成《いくせい》することを目的《もくてき》に女子英学塾《じょしえいがくじゅく》を設立《せつりつ》。また「日本婦人米国奨学金制度《にほんふじんべいこくしょうがくきんせいど》」を設《もう》けて、華族《かぞく》や平民《へいみん》の区別《くべつ》なく、学《まな》ぶ意欲《いよく》のあるすべての女性《じょせい》に向《む》けて、勉学《べんがく》の機会《きかい》を提供《ていきょう》した。

- 1864年《ねん》　江戸《えど》（現在《げんざい》の東京都《とうきょうと》）で生《う》まれる。
- 1871年《ねん》　日本最初《にほんさいしょ》の女子留学生《じょしりゅうがくせい》として「岩倉使節団《いわくらしせつだん》」と共《とも》に渡米《とべい》。梅子《うめこ》は最年少《さいねんしょう》の6歳《さい》。
- 1882年《ねん》　アメリカで教育《きょういく》を受《う》けたのちに帰国《きこく》。
- 1889年《ねん》　再《ふた》びアメリカへ留学《りゅうがく》（1892年《ねん》に帰国《きこく》）。
- 1900年《ねん》　女子英学塾《じょしえいがくじゅく》（現在《げんざい》の津田塾大学《つだじゅくだいがく》）を創設《そうせつ》し塾長《じゅくちょう》となる。
- 1929年《ねん》　64歳《さい》で死去《しきょ》。

出典《しゅってん》：『津田梅子《つだうめこ》』大庭《おおば》みな子 著《ちょ》（朝日文庫《あさひぶんこ》）

無闇《むやみ》にあせっては いけません。ただ、牛《うし》のように、図々《ずうずう》しく 進《すす》んで行《い》くのが 大事《だいじ》です

あせらず、あわてず、ゆっくりと前《まえ》に進《すす》もう。

『坊《ぼ》っちゃん』『三四郎《さんしろう》』など多《おお》くの名作《めいさく》を残《のこ》した文豪《ぶんごう》

夏目漱石《なつめそうせき》

少《すこ》しずつ歩《あゆ》み続《つづ》けていこう

漱石《そうせき》が、弟子《でし》であった芥川龍之介《あくたがわりゅうのすけ》に宛《あ》てた書簡《しょかん》に書《か》かれた言葉《ことば》です。雑誌連載《ざっしれんさい》で『我輩《わがはい》は猫《ねこ》である』を発表《はっぴょう》して人気作家《にんきさっか》になった漱石《そうせき》ですが、何《なに》かしなくてはならないが、どうすればいいのかわからなくなったという時期《じき》があります。それでも何《なに》かにぶつかるまで、少《すこ》しずつでも歩《あゆ》み続《つづ》けることしかできないのだと言《い》っているのです。

自分《じぶん》の思《おも》いをつらぬきたいと思《おも》っても、うまくいかなかったり、悩《なや》んだりすることは誰《だれ》でもあること。そんなときでもあせらず、できることからゆっくりとやっていくことが大事《だいじ》なのです。

プロフィール

明治維新前年《めいじいしんぜんねん》の慶応《けいおう》３年《ねん》に生まれる。愛媛県尋常中学校《えひめけんじんじょうちゅうがっこう》で英語教師《えいごきょうし》を勤《つと》めたあと留学《りゅうがく》し、帰国後《きこくご》は東大《とうだい》で英語《えいご》を教《おし》えながら小説《しょうせつ》を発表《はっぴょう》した。東京朝日新聞《とうきょうあさひしんぶん》に入社後《にゅうしゃご》、次々《つぎつぎ》と新聞《しんぶん》に小説《しょうせつ》を連載《れんさい》し、最期《さいご》も持病《じびょう》が悪化《あっか》して亡《な》くなるまで大作《たいさく》『明暗《めいあん》』の執筆《しっぴつ》を続《つづ》けた。

1867年《ねん》　江戸《えど》（現在《げんざい》の東京都《とうきょうと》）で生《う》まれる。
1900年《ねん》　イギリスに留学《りゅうがく》。
1905年《ねん》　東京帝国大学《とうきょうていこくだいがく》で英文学《えいぶんがく》を講《こう》じながら、『吾輩《わがはい》は猫《ねこ》である』を発表《はっぴょう》。
1907年《ねん》　東京朝日新聞《とうきょうあさひしんぶん》に入社《にゅうしゃ》し、『虞美人草《ぐびじんそう》』を連載《れんさい》。
1916年《ねん》　49歳《さい》で死去《しきょ》。

出典《しゅってん》：芥川龍之介《あくたがわりゅうのすけ》に宛《あ》てた書簡《しょかん》など参考《さんこう》

自分《じぶん》にとっての幸《しあわ》せとは何《なに》か、それを問《と》うことこそが前向《まえむ》きな悩《なや》み方《かた》

ファンタジーと現実《げんじつ》を独自《どくじ》の視点《してん》で描《えが》く小説家《しょうせつか》

森見登美彦《もりみとみひこ》

「幸《しあわ》せ」を探《さが》し続《つづ》けることに意味《いみ》がある

京都《きょうと》の大学《だいがく》に通《かよ》う「黒髪《くろかみ》の乙女《おとめ》」と、彼女《かのじょ》に恋《こい》をする「先輩《せんぱい》」が主人公《しゅじんこう》の物語《ものがたり》、『夜《よる》は短《みじか》し歩《ある》けよ乙女《おとめ》』に登場《とうじょう》する言葉《ことば》です。京都《きょうと》の夜《よる》の街《まち》をさまよい歩《ある》く間《あいだ》に出会《であ》った東堂《とうどう》さんは、「幸《しあわ》せになるのは難《むずか》しい」と言《い》う彼女《かのじょ》に対《たい》して、「『幸《しあわ》せ』はそれを探《さが》すことが大切《たいせつ》で、探《さが》し続《つづ》ければ意味《いみ》のある人生《じんせい》が送《おく》れるんだ」と諭《さと》します。

楽《たの》しいな、幸《しあわ》せだなと思《おも》う瞬間《しゅんかん》は人《ひと》それぞれ。他人《たにん》が何《なに》を言《い》おうが、「自分《じぶん》が大切《たいせつ》にしたい時間《じかん》は何《なに》か」を見《み》つけることが大切《たいせつ》です。

プロフィール

小学生《しょうがくせい》のときに作《つく》った紙芝居《かみしばい》がきっかけで、原稿用紙《げんこうようし》に小説《しょうせつ》を書《か》くようになり、高校生《こうこうせい》で小説家《しょうせつか》を目指《めざ》す。京都《きょうと》を舞台《ぶたい》にしたものや大学生《だいがくせい》が登場人物《とうじょうじんぶつ》の小説《しょうせつ》が多《おお》く、他《ほか》にもユーモアたっぷりのものや、ミステリーやホラー感《かん》のあるもの、児童書《じどうしょ》としても読《よ》める楽《たの》しいものなど、そのジャンルは広《ひろ》い。

1979年《ねん》	奈良県《ならけん》で生《う》まれる。
2003年《ねん》	『太陽《たいよう》の塔《とう》』で日本《にほん》ファンタジーノベル大賞《たいしょう》を受賞《じゅしょう》し、作家《さっか》デビュー。
2007年《ねん》	『夜《よる》は短《みじか》し歩《ある》けよ乙女《おとめ》』で山本周五郎賞《やまもとしゅうごろうしょう》を受賞《じゅしょう》。
2010年《ねん》	『ペンギン・ハイウェイ』で日本《にほん》SF大賞《たいしょう》を受賞《じゅしょう》する。
2011年《ねん》	故郷《こきょう》の奈良《なら》に帰《かえ》る。中断《ちゅうだん》していた作品《さくひん》などを書《か》き直《なお》しながら刊行《かんこう》し始《はじ》める。

出典《しゅってん》：『夜《よる》は短《みじか》し歩《ある》けよ乙女《おとめ》』森見登美彦《もりみとみひこ》（KADOKAWA/角川文庫《かどかわぶんこ》）

人《ひと》がやろうとしていることのうち、どれだけ多《おお》くのものが、未完《みかん》のままのこされていることでしょう

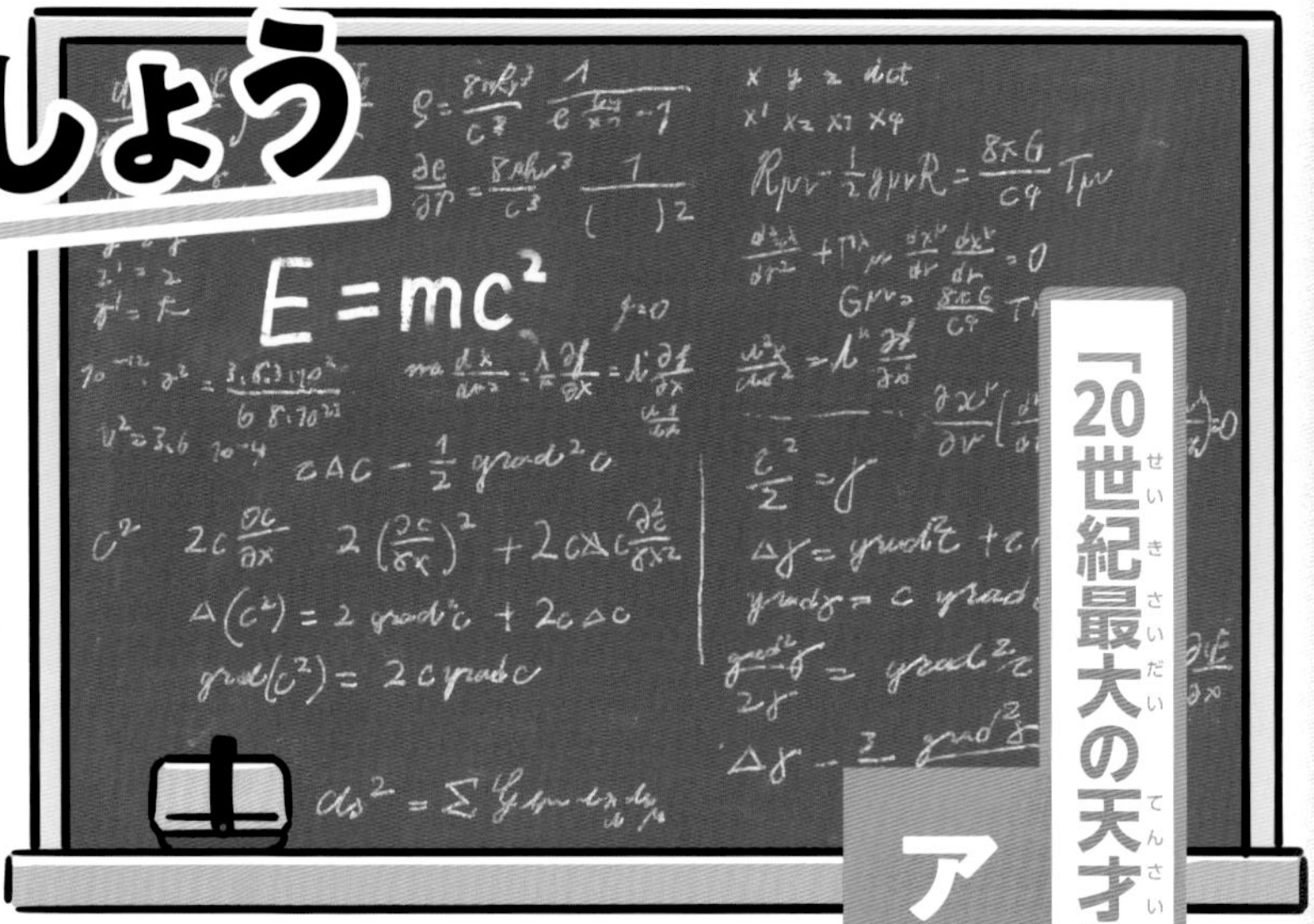

自分《じぶん》が当《あ》たり前《まえ》だと思《おも》ってることにも「なぜ」「どうして」と考《かんが》えてみよう。新《あたら》しい発見《はっけん》があるかも。

「20世紀《せいき》最大《さいだい》の天才《てんさい》」と言《い》われる物理学者《ぶつりがくしゃ》
アインシュタイン

一生《いっしょう》は短《みじか》いけど、やりたいと思《おも》ったことは思《おも》いっきりやってみよう

アインシュタインは「わたしは特別《とくべつ》な才能《さいのう》を持《も》っているわけではありません。単《たん》に好奇心《こうきしん》が旺盛《おうせい》なだけです」とも述《の》べています。5歳《さい》の頃《ころ》に父《ちち》にもらった方位磁石《ほういじしゃく》に興味《きょうみ》を持《も》って以来《いらい》、いろいろな科学《かがく》の問題《もんだい》を解《と》き明《あ》かすために研究《けんきゅう》を続《つづ》けてきました。

しかし「ニュートン以来《いらい》の大発見《だいはっけん》」と言《い》われるような偉業《いぎょう》を成《な》し遂《と》げてもなお、彼《かれ》の好奇心《こうきしん》をくすぐる種《たね》は尽《つ》きなかったのでしょう。それでもやりたいと思《おも》ったことはやってみることが大切《たいせつ》なのです。

プロフィール

アインシュタインは相対性理論《そうたいせいりろん》をはじめとする多《おお》くの論文《ろんぶん》を発表《はっぴょう》し、ノーベル物理学賞《ぶつりがくしょう》を受賞《じゅしょう》した。とりわけ5つの重要論文《じゅうようろんぶん》を立《た》て続《つづ》けに発表《はっぴょう》した1905年《ねん》は「奇跡《きせき》の年《とし》」と呼《よ》ばれている。核兵器《かくへいき》や戦争《せんそう》の廃絶《はいぜつ》を訴《うった》えた平和主義《へいわしゅぎ》者《しゃ》としても有名《ゆうめい》。

- 1879年《ねん》 ドイツで生《う》まれる。
- 1905年《ねん》 「特殊相対性理論《とくしゅそうたいせいりろん》」「光量子仮説《こうりょうしかせつ》」「ブラウン運動《うんどう》の理論《りろん》」などを発表《はっぴょう》。
- 1907年《ねん》 「$E=mc^2$」の公式《こうしき》を発表《はっぴょう》。
- 1915年《ねん》 「一般相対性理論《いっぱんそうたいせいりろん》」の発表《はっぴょう》を始《はじ》める。
- 1921年《ねん》 ノーベル物理学賞受賞《ぶつりがくしょうじゅしょう》。
- 1955年《ねん》 核兵器《かくへいき》や戦争《せんそう》の廃絶《はいぜつ》を願《ねが》った「ラッセル=アインシュタイン宣言《せんげん》」に署名《しょめい》。76歳《さい》で死去《しきょ》。

出典《しゅってん》：心《こころ》を強《つよ》くする! ビジュアル伝記《でんき》『アインシュタインのことばと人生《じんせい》』監修《かんしゅう》／新堂進《しんどうすすむ》（ポプラ社刊《しゃかん》）

なまけ者《もの》になりなさい

がんばるべきときには必死《ひっし》でがんばる。そうすれば、疲《つか》れたときや迷《まよ》ったときには、立《た》ち止《ど》まったっていいんだよ。

「妖怪漫画《ようかいまんが》」を確立《かくりつ》した漫画家《まんがか》
水木《みずき》しげる

なまけ者《もの》になれるように
がんばれるときはがんばってみよう

　水木《みずき》さんは「オレは『なまけ者《もの》』になれるように、努力《どりょく》すべきときにうんと努力《どりょく》しておけという意味《み》で言《い》ってるんだから」と言《い》っています。いつもがんばっている人《ひと》はなまけてもいいのです。

　人間《にんげん》は、なまけることが必要《ひつよう》です。そうしなければ、難題《なんだい》を乗《の》り越《こ》えるパワーが湧《わ》いてこないし、だんだん身《み》が持《も》たなくなります。水木《みずき》さんは「中年《ちゅうねん》を過《す》ぎたら『愉快《ゆかい》』になまけるクセをつけんと、いつまでもシアワセになれません」とも言《い》っています。

プロフィール

太平洋戦争時《たいへいようせんそうじ》、ラバウルで爆撃《ばくげき》を受《う》け左腕《ひだりうで》を失《うしな》う。復員後《ふくいんご》、紙芝居作家《かみしばいさっか》から貸本漫画家《かしほんまんがか》となる。妖怪漫画《ようかいまんが》の第一人者《だいいちにんしゃ》。代表作《だいひょうさく》に『ゲゲゲの鬼太郎《きたろう》』『河童《かっぱ》の三平《さんぺい》』『悪魔《あくま》くん』などがある。

1922年《ねん》	大阪府《おおさかふ》で生《う》まれ、鳥取県《とっとりけん》で育《そだ》つ。
1958年《ねん》	漫画家《まんがか》デビュー。
1968年《ねん》	『ゲゲゲの鬼太郎《きたろう》』がテレビアニメ化《か》される。
1973年《ねん》	実体験《じったいけん》を描《えが》いた戦記漫画《せんきまんが》『総員玉砕《そういんぎょくさい》せよ!』を刊行《かんこう》。
1977年《ねん》	『のんのんばあとオレ』刊行《かんこう》。
2004年《ねん》	『水木《みずき》サンの幸福論《こうふくろん》』刊行《かんこう》。
2015年《ねん》	93歳《さい》で死去《しきょ》。

出典《しゅってん》：『水木《みずき》サンの幸福論《こうふくろん》』水木《みずき》しげる（KADOKAWA/角川文庫《かどかわぶんこ》）

美《び》というものは、本来《ほんらい》、何《なに》かを欠《か》いたものです

完璧《かんぺき》だけが全《すべ》てではないから、自分《じぶん》の「美《び》」を追求《ついきゅう》してみよう。

「アングラ演劇四天王《えんげきしてんのう》のひとり」などの異名《いみょう》をとる歌人《かじん》・劇作家《げきさっか》

寺山修司《てらやましゅうじ》

寺山修司
家出のすすめ

プロフィール

歌人《かじん》、脚本家《きゃくほんか》、演出家《えんしゅつか》、映画監督《えいがかんとく》、エッセイストと多彩《たさい》な顔《かお》を持《も》ち、どの分野《ぶんや》においても世界的《せかいてき》に評価《ひょうか》されている。他界《たかい》して40年経《ねんた》った今《いま》でも熱狂的《ねっきょうてき》なファンがいることで知《し》られる。

1935年《ねん》　青森県《あおもりけん》で生《う》まれる。
1954年《ねん》　『短歌研究《たんかけんきゅう》』新人賞受賞《しんじんしょうじゅしょう》。
1967年《ねん》　演劇実験室《えんげきじっけんしつ》「天井桟敷《てんじょうさじき》」を設立《せつりつ》。
『書《しょ》を捨《す》てよ、町《まち》へ出《で》よう』刊行《かんこう》。
1972年《ねん》　『家出《いえで》のすすめ』刊行《かんこう》。
1974年《ねん》　映画《えいが》『田園《でんえん》に死《し》す』で芸術祭奨励新人賞《げいじゅつさいしょうれいしんじんしょう》を受賞《じゅしょう》。
1983年《ねん》　47歳《さい》で死去《しきょ》。

本当《ほんとう》の「美《び》」は、完璧《かんぺき》なものより、想像力《そうぞうりょく》によって生《う》み出《だ》されるもの

果《は》たして、完璧《かんぺき》なものだけが「美《び》」なのか、と寺山《てらやま》さんは問《と》いかけます。世間《せけん》で言《い》われるところの「美《び》」は、「完全《かんぜん》な合理主義《ごうりしゅぎ》」によって理想《りそう》の形《かたち》にはめ込《こ》まれ、そこからはみ出《だ》したり質《しつ》の異《こと》なったりするものは、「美《び》」とは見《み》なされません。

しかし、完璧《かんぺき》なものより、不足《ふそく》のあるもの、どこか欠《か》けたもの、崩《くず》れているもの、影《かげ》を伴《ともな》うもの、気味《きみ》の悪《わる》いもの、アンバランスなもの、人《ひと》を不安《ふあん》な気持《きも》ちにさせるものにこそ「美《び》」があるのではないでしょうか。本当《ほんとう》の「美《び》」は、見《み》ている自分《じぶん》自身《じしん》の想像力《そうぞうりょく》によって生《う》み出《だ》されるのです。

出典《しゅってん》：『家出《いえで》のすすめ』寺山修司《てらやましゅうじ》（KADOKAWA／角川文庫《かどかわぶんこ》）　※カバーの絵柄は（株）かまわぬのてぬぐい柄を使用しています。

方向《ほうこう》を変《か》えな

N
W
E
S

ひとつのことにとらわれたり、一方向《いちほうこう》しか見《み》ていないと、もっと大《おお》きな危険《きけん》や失敗《しっぱい》に気《き》づけなくなるものだよ。

20世紀《せいき》を代表《だいひょう》する小説家《しょうせつか》

カフカ

ひとつにとらわれず、別《べつ》の方向《ほうこう》を見《み》てみよう

寓話《ぐうわ》とは、教訓《きょうくん》を与《あた》えるために動物《どうぶつ》や植物《しょくぶつ》の生活《せいかつ》を描《えが》いた「たとえ話《ばなし》」です。カフカの「小《ちい》さな寓話《ぐうわ》」は1920年《ねん》に書《か》かれた物語《ものがたり》で、このお話《はなし》にはネズミとネコが登場《とうじょう》します。

いろいろな経験《けいけん》を経《へ》てわかったような気《き》になってしまうと、変《か》えることが難《むずか》しくなることもあります。物語《ものがたり》でもネコはネズミに「方向《ほうこう》を変《か》えな」と言《い》いますが、ネズミは変《か》えられずネコに食《た》べられに行《い》ってしまいました。ネズミには危険《きけん》なものが見《み》えていなかったのです。ひとつの方法《ほうほう》だけではなく、もう一度《いちど》考《かんが》えてみて別《べつ》の方法《ほうほう》を探《さが》すことも大事《だいじ》です。

出典《しゅってん》：『カフカ寓話集《ぐうわしゅう》』（岩波文庫《いわなみぶんこ》）

プロフィール

プラハのユダヤ人《じん》の家庭《かてい》に生《う》まれ、保険協会《ほけんきょうかい》に勤《つと》めながら作品《さくひん》を執筆《しっぴつ》した。カフカの作品《さくひん》には、数編《すうへん》の長編小説《ちょうへんしょうせつ》と多数《たすう》の短編《たんぺん》、日記《にっき》および恋人《こいびと》などに宛《あ》てた膨大《ぼうだい》な量《りょう》の手紙《てがみ》があるが、多《おお》くの作品《さくひん》が未完《みかん》である。代表作《だいひょうさく》には『変身《へんしん》』『審判《しんぱん》』『城《しろ》』などがある。

1883年《ねん》　オーストリア=ハンガリー帝国《ていこく》（現在《げんざい》のチェコ）で生《う》まれる。
1915年《ねん》　『変身《へんしん》』を刊行《かんこう》。
1919年《ねん》　『流刑地《るけいち》にて』を刊行《かんこう》。
1924年《ねん》　40歳《さい》で死去《しきょ》。
1925年《ねん》　友人《ゆうじん》のブロートが『審判《しんぱん》』を編集《へんしゅう》し刊行《かんこう》。
1926年《ねん》　同《おな》じくブロートにより『城《しろ》』を刊行《かんこう》。

常識人《じょうしきじん》が真面目《まじめ》にバカバカしいことをするのが笑《わら》い

「上方落語中興《かみがたらくごちゅうこう》の祖《そ》」と呼《よ》ばれる落語家《らくごか》

桂米朝《かつらべいちょう》

つい「うっかり」も大切《たいせつ》です

米朝《べいちょう》さんの落語《らくご》の登場人物《とうじょうじんぶつ》は、小心者《しょうしんもの》だったり、欲深《よくぶか》かったり、酒好《さけず》きだったり…、つまりごく普通《ふつう》の人《ひと》です。米朝《べいちょう》さんは「アホがアホなことしたっておもろいことない」と言《い》いました。真面目《まじめ》に生《い》きている「平凡《へいぼん》な人間《にんげん》」が、つい「うっかり」とやらかしてしまう行動《こうどう》や会話《かいわ》こそがおもしろいということです。

米朝《べいちょう》さんは「メモ魔《ま》」でした。古老《ころう》から聞《き》いたおもしろい話《はなし》をすべて記録《きろく》し、伝統《でんとう》の上方落語《かみがたらくご》に時代《じだい》に応《おう》じた新《あら》たなネタを加《くわ》えて笑《わら》いを生《う》み出《だ》しました。この言葉《ことば》は、米朝《べいちょう》さんの落語《らくご》そのものであり、生《い》き方《かた》でもありました。

いつもいつもふざけているだけでは「人気者《にんきもの》」にはなれません。一生懸命《いっしょうけんめい》やってるけど、どこか完璧《かんぺき》じゃないところがあるから好《す》かれるんだよね。

プロフィール

戦争《せんそう》の影響《えいきょう》や漫才《まんざい》の隆盛《りゅうせい》によって滅《ほろ》びかけていた上方落語《かみがたらくご》を復興《ふっこう》させた。代表作《だいひょうさく》には「時《とき》そば」「鰻《うなぎ》の幇間《たいこもち》」「骨皮《ほねかわ》」などがある。一門《いちもん》の弟子《でし》にはざこば、南光《なんこう》、米團治《よねだんじ》などがおり、米朝事務所《べいちょうじむしょ》を設立《せつりつ》して後進《こうしん》の育成《いくせい》にも力《ちから》を入《い》れた。

1925年《ねん》　満州《まんしゅう》(現在《げんざい》の中国東北部《ちゅうごくとうほくぶ》)で生《う》まれる。

1947年《ねん》　会社勤《かいしゃづと》めをしながら四代目桂米團治《よんだいめかつらよねだんじ》に師事《しじ》。三代目桂米朝《さんだいめかつらべいちょう》を名乗《なの》る。

1996年《ねん》　人間国宝《にんげんこくほう》に認定《にんてい》される。

2009年《ねん》　落語家《らくごか》として初《はじ》めて文化勲章《ぶんかくんしょう》を受章《じゅしょう》。

2015年《ねん》　89歳《さい》で死去《しきょ》。

出典《しゅってん》：NHK映像《えいぞう》ファイル あの人《ひと》に会《あ》いたいFile No. 443での言葉《ことば》

アフガニスタンで65万人《まんにん》の命《いのち》を救《すく》った日本人医師《にほんじんいし》

中村哲《なかむらてつ》

まず生《い》きておりなさい

「今《いま》」一番大切《いちばんたいせつ》なことを考《かんが》えよう

中村《なかむら》さんは医師《いし》です。しかし、アフガニスタンでの大干《だいかん》ばつによる惨状《さんじょう》を目《ま》の当《あ》たりにして「現実《げんじつ》は病気《びょうき》どころではない。病気《びょうき》はあとで治《なお》せるから、まず生《い》きておりなさい。何《なに》よりも水《みず》だ、水《みず》。水《みず》を何《なん》とかしないと、本当《ほんとう》にみんな死《し》んでしまう」と思《おも》ったそうです。

「生《い》きていればこそ」の治療《ちりょう》です。その人《ひと》が置《お》かれたところで、その相手《あいて》の患者《かんじゃ》にとって一番《いちばん》必要《ひつよう》なものは何《なん》なのかを考《かんが》えることの大切《たいせつ》さを、中村《なかむら》さんは教《おし》えてくれているのです。

自分《じぶん》が置《お》かれている場所《ばしょ》や立場《たちば》で、自分《じぶん》にできる精《せい》いっぱいのことをしよう。今《いま》、何《なに》をすることが一番《いちばん》大事《だいじ》なのかを考《かんが》えて。

プロフィール

国内病院勤務《こくないびょういんきんむ》の後《あと》、パキスタンやアフガニスタンで十分《じゅうぶん》な医療《いりょう》が受《う》けられない人《ひと》たちの診療《しんりょう》を続《つづ》ける。干《かん》ばつによる食料不足《しょくりょうぶそく》に苦《くる》しむアフガニスタンの人《ひと》たちを目《ま》の当《あ》たりにして、独学《どくがく》で土木技術《どぼくぎじゅつ》を学《まな》び、用水路《ようすいろ》の整備《せいび》や農地《のうち》の再生《さいせい》にも取《と》り組《く》んできた。

1946年《ねん》	福岡県《ふくおかけん》で生《う》まれる。
1973年《ねん》	九州大学医学部《きゅうしゅうだいがくいがくぶ》を卒業《そつぎょう》。
1984年《ねん》	パキスタン・ペシャワールに赴任《ふにん》。ハンセン病《びょう》を中心《ちゅうしん》とする医療活動《いりょうかつどう》に従事《じゅうじ》。
2000年《ねん》	アフガニスタン大干《たいかん》ばつ。水源確保《すいげんかくほ》と難民《なんみん》を食《く》い止《と》めるために井戸掘《いどほ》り事業《じぎょう》を開始《かいし》。
2003年《ねん》	「緑《みどり》の大地計画《だいちけいかく》」に着手《ちゃくしゅ》、水路《すいろ》を建設《けんせつ》。
2019年《ねん》	アフガニスタン・ジャラララバードで何者《なにもの》かに銃撃《じゅうげき》され73歳《さい》で死去《しきょ》。

出典《しゅってん》：『中村哲《なかむらてつ》　思索《しさく》と行動《こうどう》』（忘羊社《ぼうようしゃ》）など

「今日《きょう》の自分《じぶん》はがんばった!」とほめることを続《つづ》けると自分自身《じぶんじしん》を好《す》きになれるんじゃないかな。

僕《ぼく》らは、自分《じぶん》のすばらしさと不完全《ふかんぜん》さのなかで、何《なに》よりも自分自身《じぶんじしん》を愛《あい》することから学《まな》ばなければいけない

世界中《せかいじゅう》で愛《あい》される多《おお》くの名曲《めいきょく》を作曲《さっきょく》したミュージシャン

ジョン・レノン

自分《じぶん》を愛《あい》することから始《はじ》めよう

ジョン・レノンは、ベトナム戦争《せんそう》に反対《はんたい》するなど平和《へいわ》な世界《せかい》を目指《めざ》す活動《かつどう》にも力《ちから》を入《い》れていました。その中《なか》で、人々《ひとびと》が穏《おだ》やかに暮《く》らすためには、他人《たにん》とのちがいに目《め》を向《む》ける以前《いぜん》に、自分自身《じぶんじしん》と向《む》き合《あ》うことが必要《ひつよう》だと気《き》づいたのではないでしょうか。

友《とも》だちや家族《かぞく》とけんかをすると、自分自身《じぶんじしん》のイヤな部分《ぶぶん》が見《み》えてくることもあります。しかし、人間《にんげん》に良《よ》いところと悪《わる》いところがあることは、当《あ》たり前《まえ》です。完璧《かんぺき》な人間《にんげん》はいないと理解《りかい》して、自分《じぶん》を好《す》きになれたら、もっと前向《まえむ》きに思《おも》いやりを持《も》って行動《こうどう》することができるでしょう。

プロフィール

ポール・マッカートニーなどが所属《しょぞく》する「ビートルズ」のメンバーであり、ギターとヴォーカルを担当《たんとう》。「ビートルズ」の曲《きょく》は、世界中《せかいじゅう》でヒットし、人々《ひとびと》に多《おお》くの影響《えいきょう》を与《あた》えた。日本人《にほんじん》のオノヨーコと結婚《けっこん》し、二人《ふたり》はベトナム戦争《せんそう》に反対《はんたい》する活動《かつどう》へ参加《さんか》するなどして、平和《へいわ》を求《もと》めた。

1940年《ねん》	イギリスで生《う》まれる。
1962年《ねん》	「ビートルズ」デビュー。
1970年《ねん》	「ビートルズ」最後《さいご》のアルバム『レット・イット・ビー』がリリース。
1970年《ねん》	「ビートルズ」解散《かいさん》。
1980年《ねん》	銃《じゅう》で撃《う》たれて40歳《さい》で死去《しきょ》。

出典《しゅってん》：『落《お》ち込《こ》んだ時《とき》に読《よ》みたい 偉人達《いじんたち》の名言集《めいげんしゅう》：自分《じぶん》を奮《ふる》い立《た》たせる数々《かずかず》の言葉達《ことばたち》』シムラ 著《ちょ》(kindle《キンドル》)など

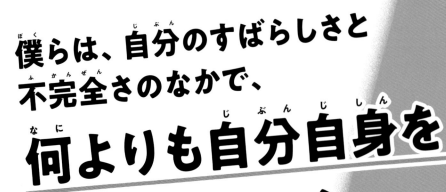

「書《か》くこと」「愛《あい》すること」を追《お》い求《もと》めた作家《さっか》・僧侶《そうりょ》

瀬戸内寂聴《せとうちじゃくちょう》

人《ひと》は人《ひと》 自分《じぶん》は自分《じぶん》

自分《じぶん》に自信《じしん》と誇《ほこ》りを

2003年《ねん》に放送《ほうそう》されたインタビュー番組《ばんぐみ》で、当時《とうじ》81歳《さい》の瀬戸内《せとうち》さんが語《かた》った言葉《ことば》です。この言葉《ことば》の後《あと》には「人《ひと》なんて無責任《むせきにん》ですからなんでも言《い》います。だからもっと自信《じしん》を持《も》てばいいんです」と続《つづ》きます。

他人《たにん》に誤解《ごかい》されると本当《ほんとう》に悔《くや》しいけれど、それは誤解《ごかい》する人間《にんげん》が悪《わる》いのです。自分《じぶん》は大丈夫《だいじょうぶ》だという自信《じしん》を持《も》って、自分《じぶん》を信《しん》じましょう。自分《じぶん》に対《たい》して「誇《ほこ》り」を持《も》つことが大切《たいせつ》です。

人《ひと》の目《め》が気《き》になるのは自《じ》信《しん》がないから。「私《わたし》なんか」ではなく、「私《わたし》こそは」と考《かんが》えよう。

プロフィール

愛《あい》・性《せい》・老《お》いといった生々《なまなま》しく深《ふか》いテーマの作品《さくひん》を執筆《しっぴつ》し、評価《ひょうか》された。60年《ねん》あまりにわたって書《か》き続《つづ》けた作品数《さくひんすう》は400以上《いじょう》。墓石《ぼせき》には「愛《あい》した、書《か》いた、祈《いの》った」と刻《きざ》むことを決《き》めていた。

1922年《ねん》	徳島県《とくしまけん》で生《う》まれる。
1963年《ねん》	『夏《なつ》の終《おわ》り』で女流文学賞受賞《じょりゅうぶんがくしょうじゅしょう》。
1973年《ねん》	平泉中尊寺《ひらいずみちゅうそんじ》で得度《とくど》。法名《ほうみょう》が寂聴《じゃくちょう》となる。
1992年《ねん》	『花《はな》に問《と》え』で谷崎潤一郎賞《たにざきじゅんいちろうしょう》。
1998年《ねん》	『源氏物語《げんじものがたり》』の現代語訳《げんだいごやく》を完訳《かんやく》。
2006年《ねん》	文化勲章《ぶんかくんしょう》を受章《じゅしょう》。
2021年《ねん》	99歳《さい》で死去《しきょ》。

出典《しゅってん》：『わたしはあきらめない』(2003.5.14)NHK GTV、ニッポン放送《ほうそう》NEWS ONLINE《ニュースオンライン》などインタビュー記事《きじ》を要約《ようやく》

人生《じんせい》は まだまだ長《なが》いんだ。これからが 勝負《しょうぶ》だよ

りっぱすぎる決心《けっしん》は、きっと三日《みっか》ぼうずになるよ。背伸《せの》びしすぎず、できることからやっていこう。

『ドラえもん』を生《う》み出《だ》した漫画家《まんがか》
藤子《ふじこ》・F《エフ》・不二雄《ふじお》

やれる範囲《はんい》でがんばろう

『ドラえもん』第《だい》16巻《かん》 第《だい》4話《わ》の『りっぱなパパになるぞ！』で、のび太《た》は、自分《じぶん》がどんなにすばらしいパパになっているかを見《み》るために、25年《ねん》後《ご》の世界《せかい》へ行《い》きます。しかし、そこで見《み》たのは現実《げんじつ》のパパと同《おな》じ、だらしない自分《じぶん》でした。のび太《た》はがっかりしますが、大人《おとな》になった自分《じぶん》は「しずちゃんとノビスケ、このふたりのためだけにでも、ぼくはがんばろうと思《おも》うんだよ」と言《い》い、おたがいにしっかりやろうとはげまし合《あ》います。

現実《げんじつ》の世界《せかい》に戻《もど》ったのび太《た》は、「だらしないくらしをやめて毎日《まいにち》きちんと勉強《べんきょう》して…」と決《けっ》心《しん》しますが、「いや、やれるはんいでがんばるぞ！」と、すぐに思《おも》い直《なお》します。

プロフィール

1951年に『天使《てんし》の玉《たま》ちゃん』で漫画家《まんがか》デビュー。『ドラえもん』を中心《ちゅうしん》に執筆活動《しっぴつかつどう》を続《つづ》け、児童《じどう》漫画《まんが》の新時代《しんじだい》を築《きず》く。代表作《だいひょうさく》には『オバケのQ《キュー》太郎《たろう》』(共著《きょうちょ》)、『ドラえもん』、『パーマン』、『キテレツ大百科《だいひゃっか》』、『SF短編《たんぺん》』シリーズなどがある。

1933年《ねん》 富山県《とやまけん》で生《う》まれる。

1951年《ねん》 漫画家《まんがか》デビュー。

1954年《ねん》 安孫子素雄《あびこもとお》(藤子不二雄A《ふじこふじおエー》)氏《し》と共《とも》に上京《じょうきょう》し、プロ漫画家《まんがか》として本格的《ほんかくてき》に活動《かつどう》を始《はじ》める。

1969年《ねん》 『ドラえもん』連載開始《れんさいかいし》。

2011年《ねん》 川崎市藤子《かわさきしふじこ》・F《エフ》・不二雄《ふじお》ミュージアム開館《かいかん》。

出典《しゅってん》：『ドラえもん（第《だい》16巻《かん》）』（小学館《しょうがくかん》）

一《いち》期《ご》一《いち》会《え》

わび茶《ちゃ》の作法《さほう》を完成《かんせい》させた茶道家《さどうか》

千利休《せんのりきゅう》

同《おな》じことを繰《く》り返《かえ》してるようでも、今日《きょう》の練習《れんしゅう》と明日《あす》の練習《れんしゅう》は同《おな》じじゃない。この瞬間《しゅんかん》は二度《にど》とないから真剣《しんけん》に取《と》り組《く》もう。

一瞬一瞬《いっしゅんいっしゅん》を大切《たいせつ》に

「一生《いっしょう》に一度《いちど》の機会《きかい》」という意味《いみ》で知《し》られる四《よ》字熟語《じじゅくご》ですが、利休《りきゅう》の弟子《でし》の山上宗二《やまのうえそうじ》が著書《ちょしょ》『山《やま》上宗二記《のうえそうじき》』の中《なか》で紹介《しょうかい》した利休《りきゅう》の言葉《ことば》です。「一《いち》期《ご》」はもともと仏教《ぶっきょう》の言葉《ことば》で、生《う》まれてから死《し》ぬまで、つまり一生《いっしょう》のことです。「会《かい》」の字《じ》は「茶会《ちゃかい》」を指《さ》します。

この茶会《ちゃかい》は一生《いっしょう》に一度《いちど》だけ、「あなたとこうして出会《であ》っているこの時間《じかん》は、一度《いちど》きりだから、この一瞬《いっしゅん》を大切《たいせつ》にしておもてなしをしましょう」という意味《いみ》です。普段《ふだん》から真心《まごころ》を尽《つ》くして心《こころ》を配《くば》る必要《ひつよう》がある、と説《と》いています。

プロフィール

織田信長《おだのぶなが》や豊臣秀吉《とよとみひでよし》の茶頭《さどう》(茶《ちゃ》の湯《ゆ》の師匠《ししょう》)として仕《つか》え、数多《かずおお》くの弟子《でし》を育《そだ》てた。60歳《さい》までは先人《せんじん》の茶《ちゃ》を踏襲《とうしゅう》し、その後《ごし》死ぬまでの10年間《ねんかん》で独自《どくじ》の茶《ちゃ》の湯《ゆ》を始《はじ》め、わび茶《ちゃ》を完成《かんせい》させた。

1522年《ねん》 和泉国《いずみこく》(現在《げんざい》の大阪府《おおさかふ》)で生《う》まれる。

1570年《ねん》 今井宗久《いまいそうきゅう》、津田宗及《つだそうきゅう》と共《とも》に茶頭《さどう》として織田信長《おだのぶなが》に召《め》し抱《かか》えられる。

1583年《ねん》 豊臣秀吉《とよとみひでよし》に認《みと》められ、茶坊主《ちゃぼうず》に取《と》り立《た》てられる。

1585年《ねん》 正親町天皇《おおぎまちてんのう》に茶《ちゃ》を献《けん》じ、「利休《りきゅう》」の居士号《こじごう》を与《あた》えられる。

1591年 豊臣秀吉《とよとみひでよし》に切腹《せっぷく》を命《めい》じられて70歳《さい》で死去《しきょ》。

出典《しゅってん》:『山上宗二記《やまのうえそうじき》』熊倉功夫《くまくらいさお》 校注《こうちゅう》(岩波文庫《いわなみぶんこ》)

薬《くすり》を10錠《じょう》飲《の》むよりは、心《こころ》から笑《わら》ったほうがずっと効《こう》果《か》があるはず

『アンネの日記《にっき》』の著者《ちょしゃ》 アンネ・フランク

笑《わら》えば脳《のう》から「幸《しあわ》せホルモン」が出《で》て、幸《しあわ》せに感《かん》じるんだって。笑顔《えがお》は伝染《でんせん》するから、みんながどんどん笑顔《えがお》になってハッピーが広《ひろ》がるんだ。

プロフィール

第二次世界大戦中《だいにじせかいたいせんちゅう》、ナチスの迫害《はくがい》から逃《のが》れるためにフランク一家《いっか》はオランダへ亡命《ぼうめい》し、隠《かく》れ家《が》で暮《く》らした。『アンネの日記《にっき》』には、2年《ねん》間《かん》の過酷《かこく》な生活《せいかつ》の中《なか》でも、彼女《かのじょ》が夢《ゆめ》を描《えが》いていたこと、恋《こい》をしていたこと、強《つよ》い志《こころざし》を持《も》っていたことが記《しる》されている。

1929年《ねん》	ドイツでドイツ系《けい》ユダヤ人《じん》として生《う》まれる。
1993年《ねん》	オランダに移住《いじゅう》。
1942年《ねん》	父《ちち》オットーから日記《にっき》を贈《おく》られ、後《のち》の『アンネの日記《にっき》』を書《か》き始《はじ》める。隠《かく》れ家《が》生活《せいかつ》が始《はじ》まる。
1944年《ねん》	逮捕《たいほ》されて強制収容所《きょうせいしゅうようしょ》へ移送《いそう》。
1945年《ねん》	ベルゲン=ベルゼン収容所《しゅうようじょ》でチフスに感染《かんせん》。15歳《さい》で死去《しきょ》。
1947年《ねん》	『後《うし》ろの家《いえ》』というタイトルでオランダ語《ご》の初版《しょはん》が出版《しゅっぱん》。

笑《わら》うから楽《たの》しくなる！
だから笑《わら》って生《い》きよう

隠《かく》れ家《が》での生活《せいかつ》という過酷《かこく》な状況《じょうきょう》でも、15歳《さい》の少女《しょうじょ》は生《い》きる希望《きぼう》を失《うしな》いませんでした。隠《かく》れ家《が》の人《ひと》たちの誕生日《たんじょうび》やクリスマスには、みんなでテーブルを囲《かこ》んで笑《わら》い転《ころ》げたそうです。

日本《にほん》にも「笑《わら》う門《かど》には福《ふ》来《き》たる」ということわざがあって、笑《わら》いは幸《しあわ》せを呼《よ》び寄《よ》せる、と言《い》われています。「つらいときの特効薬《とっこうやく》」は、心《こころ》から笑《わら》うことであり、笑《わら》うことでいやな気《き》持《も》ちを追《お》い払《はら》って、心《こころ》も体《からだ》も健康《けんこう》でいられるのです。楽《たの》しいから笑《わら》うだけでなく、笑《わら》うから楽《たの》しくなる、を実践《じっせん》してきたからこそ、強《つよ》く生《い》きられたにちがいありません。

アンネの日記

出典《しゅってん》：『アンネの日記増補新訂版《にっきぞうほしんていばん》』（文春文庫《ぶんしゅんぶんこ》）

『自己信頼《じこしんらい》』というエッセイを書《か》いた思想家《しそうか》

ラルフ・ウォルドー・エマソン

こうなりたいと思《おも》う自《じ》分《ぶん》に、いま、なるのだ

自分《じぶん》がやろうとしなければ何《なに》も始《はじ》まらない。自分《じぶん》を信《しん》じてみよう。

エマソンははじめはキリスト教《きょう》を広《ひろ》める聖職者《せいしょくしゃ》として活動《かつどう》していた人物《じんぶつ》ですが、当時《とうじ》の教会《きょうかい》の考《かんが》え方《かた》に疑問《ぎもん》を感《かん》じて、自分《じぶん》の信《しん》じている考《かんが》え方《かた》を広《ひろ》める活動《かつどう》を始《はじ》めました。

自分《じぶん》のことを自分《じぶん》で決《き》めるのは難《むずか》しいし、失敗《しっぱい》やうまくいかないことがあるとだんだん自信《じしん》をなくしてしまいます。それでも自分《じぶん》を信《しん》じ、「こうなりたい」と思《おも》う自分《じぶん》になるために、行動《こうどう》することが大切《たいせつ》なのだと言《い》っています。

自分《じぶん》を信《しん》じることはとても勇気《ゆうき》のいることだけど、できないと思《おも》ってしまえば前《まえ》には進《すす》めない。失敗《しっぱい》を恐《おそ》れずに行動《こうどう》してみよう。何度《なんど》失敗《しっぱい》したって大丈夫《だいじょうぶ》さ。

プロフィール

14歳《さい》でハーバード大学《だいがく》に入《はい》り、26歳《さい》で聖職者《せいしょくしゃ》として活動《かつどう》するが、その後教会《ごきょうかい》を批判《ひはん》して辞職《じしょく》。自身《じしん》の思想《しそう》を発信《はっしん》する活動《かつどう》を始《はじ》める。彼《かれ》の書《か》いたエッセイ『自己信頼《じこしんらい》』は世界中《せかいじゅう》で読《よ》まれ、ニーチェや福沢諭吉《ふくざわゆきち》、宮沢賢治《みやざわけんじ》などにも愛《あい》された。オバマ元大統領《もとだいとうりょう》もこの本《ほん》が愛読書《あいどくしょ》だと挙《あ》げており、エマソンの考《かんが》えは現代《げんだい》でも多《おお》くの人々《ひとびと》の心《こころ》を勇気《ゆうき》づけている。

1803年《ねん》	アメリカで生《う》まれる。
1817年《ねん》	14歳《さい》でハーバード大学《だいがく》に入学《にゅうがく》。
1832年《ねん》	聖職者《せいしょくしゃ》を辞職《じしょく》して、思想家《しそうか》として活動《かつどう》する。
1936年《ねん》	思想家《しそうか》として初《はじ》めての著作《ちょさく》『自然《しぜん》』を刊行《かんこう》。
1844年《ねん》	エッセイ『自己信頼《じこしんらい》』を発表《はっぴょう》。
1882年《ねん》	78歳《さい》で死去《しきょ》。

出典《しゅってん》：『自己信頼《じこしんらい》 新訳《しんやく》』（海《うみ》と月社《つきしゃ》）など

自《じ》分《ぶん》自《じ》身《しん》でおありなさい

自分《じぶん》がいいと思《おも》ったものを信《しん》じることが君《きみ》の出発点《しゅっぱつてん》になるんだ。

昭和期《しょうわき》に一世《いっせい》を風靡《ふうび》した詩人《しじん》

中原中也《なかはらちゅうや》

新編 中原中也全集
第五巻
日記・書簡
NAKAHARA CHUYA

大切《たいせつ》なのは自分《じぶん》を見失《みうしな》わないこと

別《わか》れた恋人《こいびと》に送《おく》った手紙《てがみ》に書《か》かれている言葉《ことば》です。この手紙《てがみ》には「芸術《げいじゅつ》の動機《どうき》」というタイトルがつけられています。自分《じぶん》も表現者《ひょうげんしゃ》でありたいと願《ねが》う彼女《かのじょ》に対《たい》してのアドバイスの形《かたち》をとった、中也《ちゅうや》の芸術論《げいじゅつろん》とも言《い》えるものです。

流行《りゅうこう》や、周囲《しゅうい》の評判《ひょうばん》が先《さき》にくると、人《ひと》がよいと言《い》うものに自分《じぶん》を合《あ》わせて、自分《じぶん》を見失《みうしな》うことがあります。それでも周囲《しゅうい》に流《なが》されずに、自《じ》分自身《ぶんじしん》でいられれば、きっと思《おも》ったとおりの表《ひょう》現《げん》ができるという励《はげ》ましの言葉《ことば》です。

プロフィール

30年《ねん》という短《みじか》い生涯《しょうがい》の間《あいだ》に、『汚《よご》れちまつた悲《かな》しみに』に代表《だいひょう》される繊《せん》細《さい》な詩《し》を350編以上《べんいじょう》も残《のこ》した。美《うつく》しく独自性《どくじせい》の強《つよ》い言葉《ことば》とリズムが特徴《とくちょう》で、抒情的《じょじょうてき》な作品《さくひん》の数々《かずかず》は今《いま》でも絶《ぜつ》大《だい》な人気《にんき》を誇《ほこ》る。

1907年《ねん》 山口県《やまぐちけん》で生《う》まれる。
1929年《ねん》 河上徹太郎《かわかみてつたろう》ら友人《ゆうじん》たちと同人誌《どうじんし》『白痴群《はくちぐん》』を創刊《そうかん》。
1933年《ねん》 訳詩集《やくししゅう》『ランボオ詩集《ししゅう》《学校時代《がっこうじだい》の詩《し》》』を刊行《かんこう》。
1934年《ねん》 詩集《ししゅう》『山羊《やぎ》の歌《うた》』を出版《しゅっぱん》。
1937年《ねん》 30歳《さい》で死去《しきょ》。
1938年《ねん》 2冊目《さつめ》の詩集《ししゅう》『在《あ》りし日《ひ》の歌《うた》』出版《しゅっぱん》。

出典《しゅってん》：『新編《しんぺん》 中原中也《なかはらちゅうや》全集《ぜんしゅう》第《だい》5巻《かん》 日記《にっき》・書簡《しょかん》』 著者《ちょしゃ》：大岡昇平《おおおかしょうへい》　編者《へんしゃ》：大岡昇平《おおおかしょうへい》、吉田凞生《よしだひろお》、宇佐美斉《うさみひとし》、佐々木幹郎《ささきみきろう》（KADOKAWA） 販売《はんばい》は終了《しゅうりょう》しています。

百年後《ひゃくねんご》は、すべて新《あたら》しい人々《ひとびと》

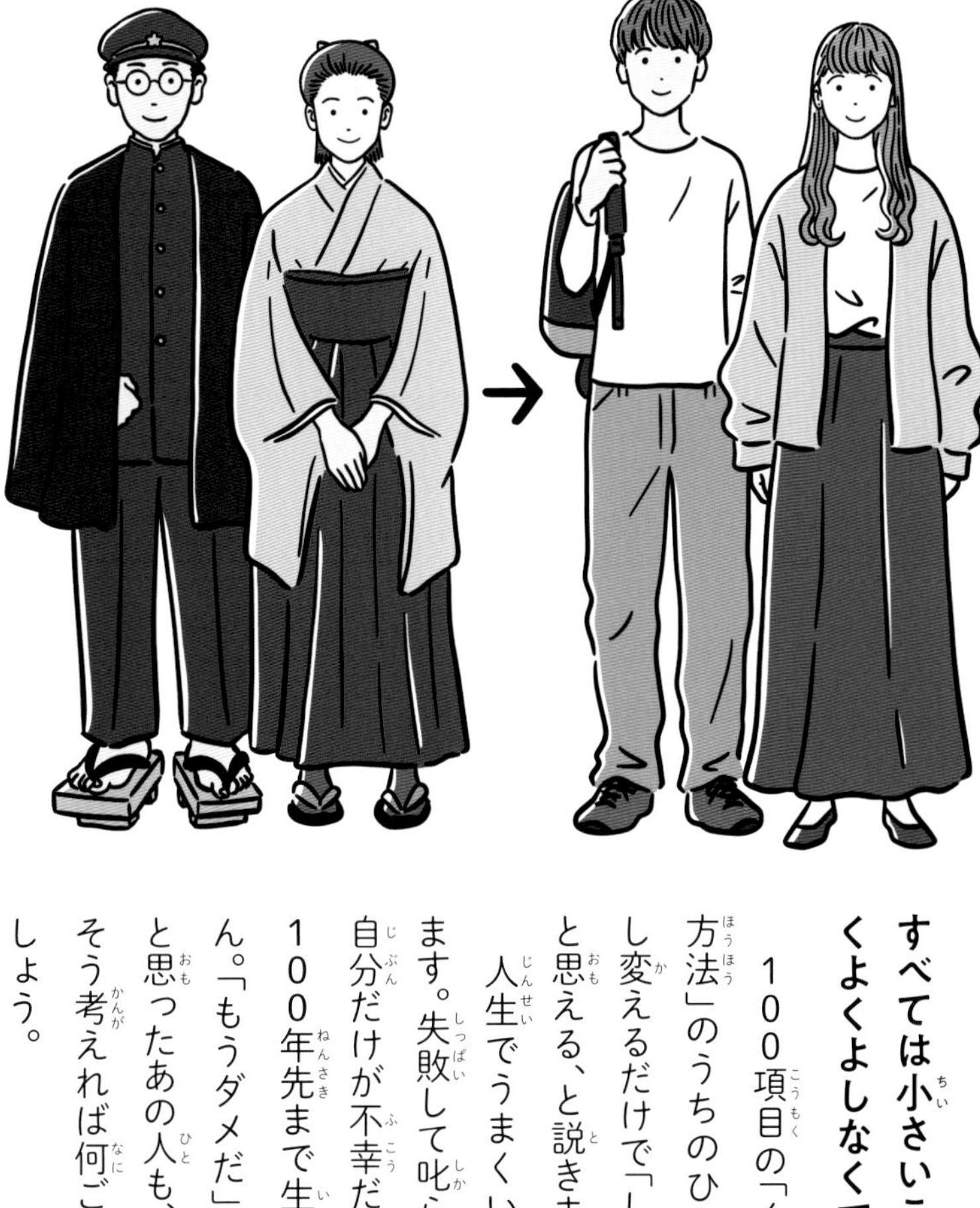

今《いま》は大変《たいへん》なこと、って思《おも》ってるかもしれないけど、100年《ねん》も経《た》たなくても、5年後《ねんご》10年後《ねんご》には誰《だれ》も覚《おぼ》えちゃいないよ。

『小《ちい》さいことにくよくよするな！』を書《か》いた作家《さっか》・心理療法士《しんりりょうほうし》
リチャード・カールソン

プロフィール

作家《さっか》であると同時《どうじ》に、幸《しあわ》せを追求《ついきゅう》する「ストレス・コンサルタント」として活躍《かつやく》。ユーモアにあふれ、率直《そっちょく》でわかりやすく、しかも誰《だれ》にでも実践《じっせん》できる「くよくよしないヒント」を提唱《ていしょう》した。

1961年 アメリカで生《う》まれる。
1994年 『楽天主義《らくてんしゅぎ》セラピー―心《こころ》の青空《あおぞら》にふれるために』出版《しゅっぱん》。
1998年 『小《ちい》さいことにくよくよするな！―しょせん、すべては小《ちい》さなこと』出版《しゅっぱん》。
2000年 『幸《しあわ》せになれるさ！―あなたの人生《じんせい》に奇蹟《きせき》をおこす5つの原則《げんそく》』出版《しゅっぱん》。
2006年 出張中《しゅっちょうちゅう》の飛行機内《ひこうきない》で、肺動脈塞栓症《はいどうみゃくそくせんしょう》のため45歳《さい》の若《わか》さで死去《しきょ》。

すべては小《ちい》さいことだから、くよくよしなくてもいい

１００項目《こうもく》の「くよくよすることから脱《だっ》する方法《ほうほう》」のうちのひとつです。気《き》の持《も》ちようを少《すこ》し変《か》えるだけで「しょせん、すべては小《ちい》さなこと」と思《おも》える、と説《と》きます。

人生《じんせい》でうまくいかないことはいっぱいあります。失敗《しっぱい》して叱《しか》られたり、他人《たにん》に腹《はら》を立《た》てたり、自分《じぶん》だけが不幸《ふこう》だと思《おも》ってしまったり…。でも、１００年先《ねんさき》まで生《い》きている人《ひと》はほとんどいません。「もうダメだ」と思《おも》った自分《じぶん》も、「この野郎《やろう》」と思《おも》ったあの人《ひと》も、この世《よ》には存在《そんざい》しないのです。そう考《かんが》えれば何《なに》ごとも深刻《しんこく》にならないですむでしょう。

出典《しゅってん》：『小《ちい》さいことにくよくよするな！』リチャード・カールソン（サンマーク出版《しゅっぱん》）

長《なが》い間《あいだ》に少《すこ》しずつ できることを 増《ふ》やせます

できないなと思《おも》っても、やり方《かた》を変《か》えたり、時間《じかん》をかけたりすればできるようになるのですね。

俳優《はいゆう》・モデル 栗原類《くりはらるい》

自分《じぶん》にできることを認《みと》めることが大事《だいじ》

栗原《くりはら》さんは8歳《さい》のときに発達障害《はったつしょうがい》のADD（注意欠陥障害《ちゅういけっかんしょうがい》）と診断《しんだん》されました。それは、栗原《くりはら》さんがコミュニケーションをとるうえで大《おお》きな欠点《けってん》になりました。しかし、発達障害《はったつしょうがい》と向《む》き合《あ》うことで、自分《じぶん》ができる仕事《しごと》のやり方《かた》をみつけて、現在《げんざい》はモデル、役者《やくしゃ》の仕事《しごと》で活躍《かつやく》しています。

自分《じぶん》ができることにこだわって道《みち》を進《すす》むこともできます。自分《じぶん》ができることを認《みと》めれば生《い》きづらさはなくなり、その道《みち》の途中《とちゅう》でできないことも少《すこ》しずつできるようになればよいのです。

プロフィール

父《ちち》はイギリス人《じん》だが、日本人《にほんじん》の母《はは》が日《に》本《ほん》に帰国《きこく》して出産《しゅっさん》。11歳《さい》のときからコメディ俳優《はいゆう》になりたいという夢《ゆめ》を持《も》ち始《はじ》め、中学時代《ちゅうがくじだい》にファッション誌《し》でモデルになる。17歳《さい》でバラエティ番組《ばんぐみ》に出演《しゅつえん》し、役者《やくしゃ》としてもテレビ・映画《えいが》などで活躍《かつやく》している。

1994年《ねん》	東京都《とうきょうと》で生《う》まれる。
2002年《ねん》	ニューヨークで発達障害《はったつしょうがい》と診断《しんだん》される。
2005年《ねん》	日本《にほん》に帰国《きこく》。
2014年《ねん》	パリコレのモデルになる。
2016年《ねん》	エッセイ『発達障害《はったつしょうがい》の僕《ぼく》が 輝《かがや》ける場所《ばしょ》を みつけられた理由《りゆう》』を出版《しゅっぱん》。

出典《しゅってん》：『発達障害《はったつしょうがい》の僕《ぼく》が 輝《かがや》ける場所《ばしょ》を みつけられた理由《りゆう》』（KADOKAWA）

＼まだまだある!／

もっと自分《じぶん》を好《す》きになる言葉《ことば》

わたしは人《ひと》に好《す》かれるために、政治家《せいじか》をやっているのではありません。

マーガレット・サッチャー
（イギリス第《だい》71代首相《だいしゅしょう》。イギリス初《はつ》の女性首相《じょせいしゅしょう》）

さまざまな改革《かいかく》を行《おこな》う中《なか》では非難《ひなん》されることもあったが、それでもイギリスという国《くに》を良《よ》くするためにという信念《しんねん》を持《も》って、自分《じぶん》が正《ただ》しいと思《おも》うことをつらぬいた。

みんなちがって、みんないい

金子《かねこ》みすゞ
（詩人《しじん》）

詩《し》『わたしと小鳥《ことり》とすずと』の一節《いっせつ》。意見《いけん》や考《かんが》え方《かた》がちがうのは当《あ》たり前《まえ》。だからこそそれぞれのちがいを認《みと》めて、尊重《そんちょう》し、自分《じぶん》は自分《じぶん》らしくいようという意味《いみ》。

中途半端《ちゅうとはんぱ》だといわれようが僕《ぼく》は僕《ぼく》

根尾昂《ねおあきら》
（プロ野球選手《やきゅうせんしゅ》）

外野手《がいやしゅ》から内野手《ないやしゅ》、そして投手《とうしゅ》への転向《てんこう》をしたとき、周《まわ》りから聞《き》こえる賛否《さんぴ》の声《こえ》に対《たい》して、ＮＨＫのインタビューで答《こた》えた言葉《ことば》。どこでプレーしようと自分《じぶん》の目標《もくひょう》に向《む》かって取《と》り組《く》んでいきたいと語《かた》っている。

目《め》が見《み》えないからといって、思《おも》い描《えが》くことができないわけじゃない

スティーヴィー・ワンダー
（目《め》が見《み》えないシンガーソングライター）

幼《おさな》いときに失明《しつめい》してしまったが、自分《じぶん》の限《げん》界《かい》を自分《じぶん》で決《き》めず、自分《じぶん》が今《いま》できることの中《なか》でベストを尽《つ》くす。彼《かれ》の言葉《ことば》には自分《じぶん》の可能性《かのうせい》を信《しん》じる強《つよ》い気持《きも》ちが感《かん》じられる。

どんな人間《にんげん》だってある角度《かくど》から見《み》れば、そいつは主人公《しゅじんこう》なんでね。すべての人間《にんげん》が

黒沢明《くろさわあきら》
（日本《にほん》を代表《だいひょう》する映画監督《えいがかんとく》）

黒沢組《くろさわぐみ》と言《い》われる優秀《ゆうしゅう》なスタッフたちと映画製作《えいがせいさく》をする中《なか》で、人《ひと》の個性《こせい》も人《ひと》の存在価値《そんざいかち》も人《ひと》の数《かず》だけあるのだということを語《かた》っていた。

私《わたし》の名言《めいげん》

名前《なまえ》

テーマ・タイトル

心《こころ》に残《のこ》った言葉《ことば》や名言《めいげん》（人《ひと》の名前《なまえ》）

言葉《ことば》を選《えら》んだ理由《りゆう》・言葉《ことば》や名言《めいげん》について考《かんが》えたこと

出典《しゅってん》：本《ほん》のタイトル・著者名《ちょしゃめい》・出版社《しゅっぱんしゃ》・出版年《しゅっぱんねん》

ワークシートの記入例《きにゅうれい》

テーマやタイトルを書《か》こう

「もっと自分《じぶん》を好《す》きになる言葉《ことば》」「考《かんが》えるヒントになった言葉《ことば》」など自分《じぶん》の心《こころ》に響《ひび》いた言葉《ことば》のテーマやタイトルを書《か》こう。

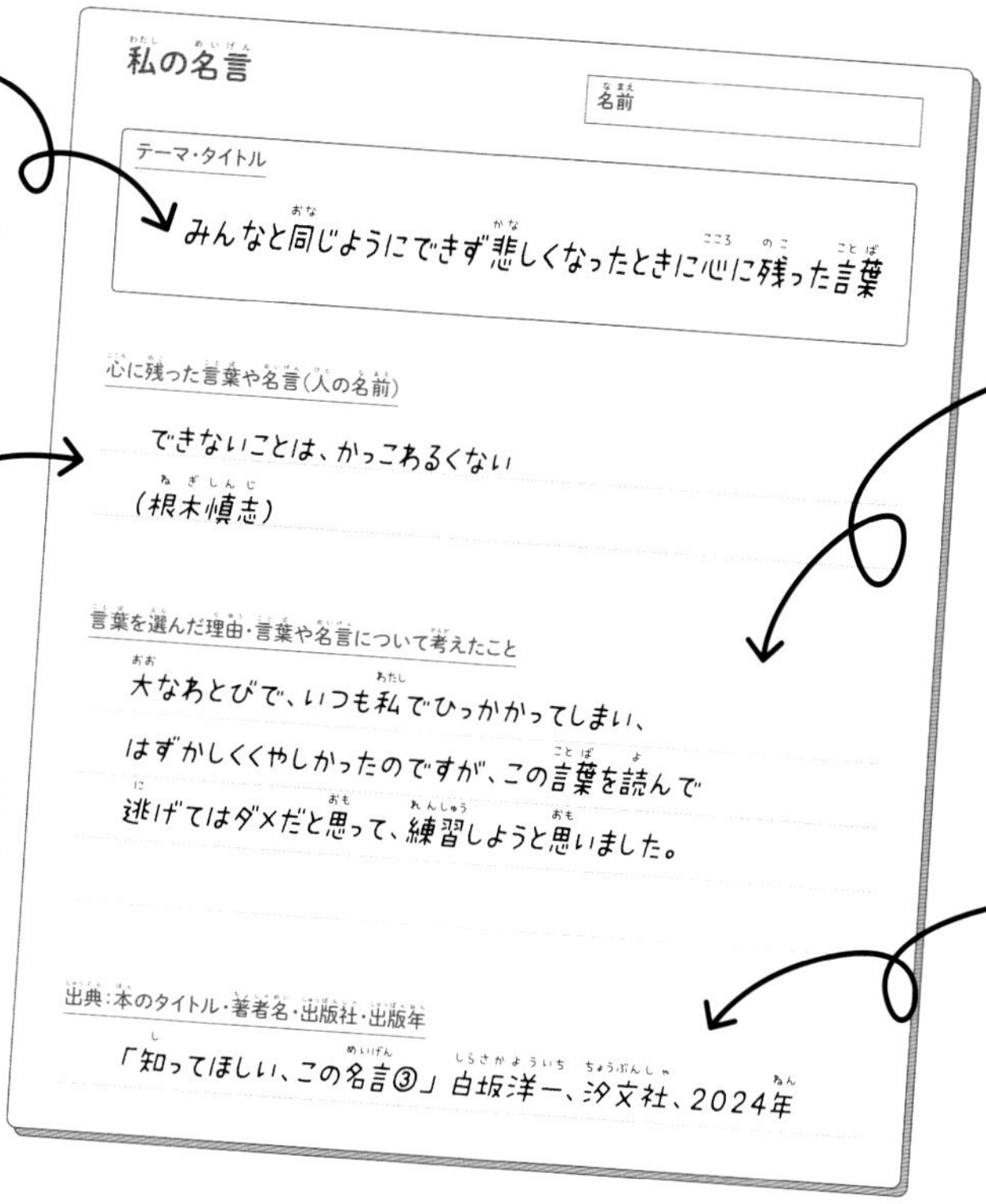

私《わたし》の名言《めいげん》

名前《なまえ》

テーマ・タイトル

みんなと同《おな》じようにできず悲《かな》しくなったときに心《こころ》に残《のこ》った言葉《ことば》

心に残った言葉や名言（人の名前）

できないことは、かっこわるくない

（根木慎志《ねぎしんじ》）

言葉を選んだ理由・言葉や名言について考えたこと

大《おお》なわとびで、いつも私《わたし》でひっかかってしまい、

はずかしくくやしかったのですが、この言葉《ことば》を読《よ》んで

逃《に》げてはダメだと思《おも》って、練習《れんしゅう》しようと思《おも》いました。

出典：本のタイトル・著者名・出版社・出版年

「知《し》ってほしい、この名言《めいげん》③」白坂洋一《しらさかよういち》、汐文社《ちょうぶんしゃ》、2024年《ねん》

心《こころ》に残《のこ》った言葉《ことば》とそれを言《い》った人《ひと》の名前《なまえ》を書《か》き写《うつ》そう

今《いま》の自分《じぶん》の「心《こころ》に一番残《いちばんのこ》った言葉《ことば》」「誰《だれ》かに伝《つた》えたい言葉《ことば》」とそれを言《い》った人《ひと》の名前《なまえ》などを書《か》き写《うつ》そう。

選《えら》んだ理由《りゆう》や考《かんが》えたことを書《か》こう

なぜその言葉《ことば》を選《えら》んだのか、その言葉《ことば》から何《なに》を考《かんが》えたのかを書《か》いておこう。

言葉《ことば》の出典《しゅってん》を書《か》こう

本《ほん》の場合《ばあい》は本《ほん》のタイトル、インターネットで見《み》つけた場合《ばあい》はそのサイトの情報《じょうほう》を書《か》いておこう。

名言《めいげん》ブックを作《つく》ってみよう

名言《めいげん》を集《あつ》めよう

自分にとっての幸せとは何か、それを問うことこそが前向きな悩み方
無闇にあせってはいけません。ただ、牛のように、図々しく進んで行くのが大事です。
それでも地球は回っている

伝記《でんき》や、歴史上《れきしじょう》の人物《じんぶつ》の言葉《ことば》、ことわざ、四字熟語《よじじゅくご》はもちろん、物語《ものがたり》の登場人物《とうじょうじんぶつ》の言葉《ことば》やいろいろな本《ほん》、インタビューに答《こた》えている人《ひと》の言葉《ことば》など、自分《じぶん》の心《こころ》に残《のこ》った言葉《ことば》をどんどん集《あつ》めよう。

ワークシートやノートに書《か》こう

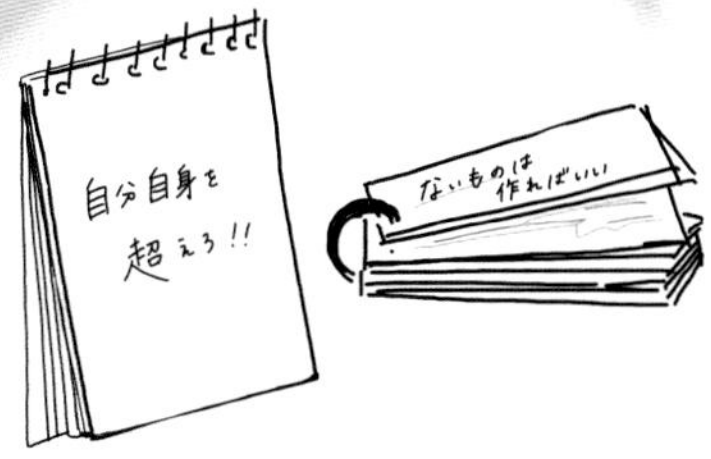
自分自身を超えろ!!
ないものは作ればいい

集《あつ》めた言葉《ことば》をワークシートやメモ帳《ちょう》などに書《か》き写《うつ》して、それをためていこう。

まとめよう

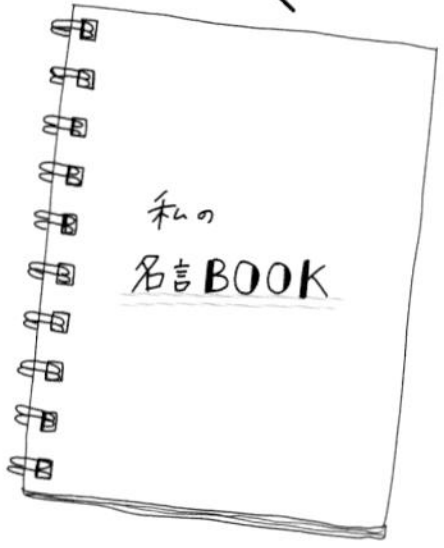
私の名言BOOK

書《か》きためたものをひとつにまとめよう。集《あつ》めた日付《ひづけ》の順番《じゅんばん》にしたり、同《おな》じようなテーマのもので集《あつ》めたりするのもよいでしょう。

監修／

白坂洋一

（しらさか　よういち）

筑波大学附属小学校国語科教諭。鹿児島県出身。鹿児島県公立小学校教諭を経て、現職。国語教科書編集委員。『例解学習漢字辞典[第九版]』（小学館）編集委員。著書・監修に『アイデアいっぱい！標語をつくろう』（汐文社）、『子どもを読書好きにするために親ができること』（小学館）、『子どもの思考が動き出す 国語授業4つの発問』（東洋館出版社）など多数。

編集・制作／（株）ナイスク https://naisg.com/ 松尾里央・高作真紀・北橋朝子・村山裕哉
執筆協力／なかにしスキー塾
イラスト／あわい
デザイン・DTP／FLAMINGO STUDIO, INC. 井上勝啓

【参考文献】
『医者、井戸を掘る－アフガン旱魃との闘い』（石風社）
『読書で見つけたこころに効く「名言・名セリフ」』（光文社）
『改訂新版　世界大百科事典』（平凡社）
など

知《し》ってほしい、この名言《めいげん》　～大切《たいせつ》にしたい言葉《ことば》～
③もっと自分《じぶん》を好《す》きになる名言《めいげん》

2024年 3 月　初版第1刷発行

監修　白坂洋一
発行者　三谷　光
発行所　株式会社 汐文社
〒102-0071　東京都千代田区富士見1-6-1
TEL 03-6862-5200 FAX 03-6862-5202
https://www.choubunsha.com
印刷　新星社西川印刷株式会社
製本　東京美術紙工協業組合

ISBN　978-4-8113-3066-2　　NDC159
